삶은 모두가 **기적**이에요

삶은 모두가 기적이에요
뉴질랜드에서 보낸 소소한 삶의 이야기

2025년 3월 19일 초판 1쇄 발행

지은이   김영선
펴낸이   오택민
펴낸곳   들숨날숨
등록   2000년 1월 14일 제2000-5호
주소   39889 경북 칠곡군 왜관읍 관문로 61
         전화 054-970-2400 팩스 054-971-0179
         04606 서울 중구 장충단로 188 분도빌딩 102호
         전화 02-2266-3605 팩스 02-2271-3605
만든곳   (재)왜관성베네딕도수도원 분도인쇄소
www.bundobook.co.kr

ⓒ 김영선, 2025

ISBN 979-11-93771-03-7   03810
값 18,000원

들숨날숨은 분도출판사·분도인쇄소의 출판브랜드입니다.
이 책은 저작권법에 따라 보호받는 저작물이므로 무단 전재와 무단 복제를 금지하며,
이 책 내용의 전부 또는 일부를 인용하려면 반드시 저작권자와 출판사의 서면 동의를 받아야 합니다.

삶은 모두가 기적이에요

뉴질랜드에서 보낸 소소한 삶의 이야기

김영선 지음

차례

일상 이야기

13 • 꽃향기
15 • 가을 속으로
16 • 일상 속에서
19 • 바다
20 • 가뭄
23 • 삶에 대하여
26 • "감사합니다, 미안합니다, 안녕하세요"
29 • 한마디의 말
31 • Greensleeves
34 • 물건들을 떠나보내며

36 • 봄 봄 봄
37 • 목련의 기다림
38 • 말할 줄 모르고
40 • 감사하는 마음

시 이야기

45 • 시 이야기
48 • 소중한 책

49 • 세상을 변화시키고 싶으세요?
50 • 가을이 되면 나는 시인이 됩니다
52 • 내가 대한민국 국민임이 부끄러울 때
54 • 춤추는 글자들
56 • 요술 시계
58 • Heart my heart
60 • 날 우울하게 하지 마세요

기도 이야기

- 63 • 네 소원이 무엇이냐?
- 66 • 작은 소원 하나
- 69 • 착잡한 심정
- 72 • 고해소에서
- 73 • 기도는 힘이 드네
- 74 • 십자가를 바라보며
- 76 • 말씀
- 78 • 성호를 긋는다는 건
- 80 • 성경을 펴면
- 82 • 대림환
- 83 • 재의 수요일
- 84 • 사순
- 86 • 부활
- 88 • 하느님을 만날 때
- 90 • 평화의 인사
- 92 • 어디서나 주님을 뵐 수 있고
- 94 • 고마운 사람

음식 이야기

- 99 • 음식은 기의 흐름이다
- 101 • 나만의 자연식단 연구소
- 103 • 한잔의 커피
- 105 • 단식의 가르침
- 108 • 야채스프의 효능
- 112 • 수제비
- 114 • 김밥 한 줄

여행 이야기

119 • 산을 오르며
122 • 남섬 여행
125 • 가을 속으로 여행

이웃 이야기

131 • 백합을 닮은 아이 엄마
134 • 어느 노부부 손님
137 • 행크 할아버지를 추억하며
140 • 야생화 같으신 분
142 • 엘리 할머니
146 • 엘리 할머니를 떠나보내며
148 • 아이야
150 • 길 위에서 만나는 사람들
151 • 평화의 꽃

친구 이야기

155 • "보고 싶다. 친구야!"
157 • 행복을 전하는 꽃 선물
159 • 비타민 같은 친구
160 • 고운 친구야
162 • 내 친구
164 • 무슨 말로 위로할 수 있을까?

가족 이야기

- 169 • 오래된 편지
- 170 • 귀한 사랑
- 171 • 어머님 이야기(전편)
- 174 • 어머님 이야기(후편)
- 177 • 시아버님의 제사
- 180 • 엄마의 마음
- 183 • 딸의 월급
- 186 • 막내의 입대
- 189 • 결혼 선물 액자
- 193 • 큰아들의 결혼
- 195 • 반바지 선물
- 198 • 그리운 아버지
- 201 • 아이들이 떠난 자리
- 202 • 우리 집 장난꾸러기
- 204 • 한 아이
- 206 • 할머니와 손자
- 208 • 여보세요, 여보세요?
- 210 • 언니
- 212 • 엄마와 봄나들이
- 214 • 엄마가 떠나가셨다
- 216 • 할미꽃
- 218 • 언제나 책을 보면

나의 이야기

- 221 • 미리 써 보는 나의 유서
- 224 • 생일을 떠나보내며
- 227 • 나에게 골프란?
- 230 • 삶은 모두가 기적이에요
- 232 • 건망증
- 234 • 오늘 하루
- 236 • 청소
- 238 • 갱년기의 선물
- 240 • 잊지 않게 하소서
- 242 • 너는 누구인가?
- 244 • 무엇이 남을까?
- 246 • 홀로
- 248 • 되었으면 좋겠네
- 250 • 저를 버릴 수 있도록 도와주소서

책을 내면서

　　어릴 적부터 나는 편지를 쓰거나 책을 읽는 것을 무척 좋아했다. 주말이면 도서관에 가서 책을 읽다가 다 읽지 못한 책은 빌려와서 밤늦게까지 보고는 했었으니까. 책을 읽고 있으면 책 속 세상으로 들어가 주인공이 되었다. 물론 공부는 뒷전이고 쓸데없는 책만 본다는 엄마의 잔소리를 들어야만 했다. 잠자리에 들려고 누워 있을 때, 그 책 속의 이야기가 잊히지지 않고 잔상으로 남을 때면 자리에서 벌떡 일어나 항상 노트에 적어두고는 했었다. 그런 글들이 '나만의 이야기가 되고 나만의 시'가 되었다. 평상시에도 갑자기 떠오른 생각이 나면, 혹여나 도망갈까 봐, 작은 수첩에 적어두던 습관이 그대로 남아있다. 스마트 폰 시대를 살아가는 지금은 수첩 대신에 카카오스토리를 통해 나의 이야기를 쓰고 있다.

　　젊은 날, 대학가에서 나름 이름이 알려진 어느 시인(?)으로부터 나의 글은 너무 쉽고 단순해서 읽을 가치가 없다는 혹평이 마음 속 깊이 박힌 가시가 되어, 글을 쓰고 싶다는 나 자신을 주저앉혀 놓고는 했었다. 결혼하고 아이들을 키우며 바쁘게 세상을 살면서도 '시를 쓰는 기쁨, 글을 쓰는 행복'을 마음속으로 꾹꾹 눌러 놓으며 나를 힘들게 했다. 그러면서 오직 세 아이의 교육을 위해 부모, 형제와 떨어져 아는 사람 한 명 없고 모든 것이 낯선 남극에서 제일 가까운 뉴질랜드로 1994년에 이민을 오게 되었다.

오직 하나의 목표, 우리의 모든 것을 다 희생해서라도 세 아이를 최선을 다해 키우겠다는 열정만을 갖고 남편과 함께 한자리에서 25년이 넘게 식당을 했다. 일 년에 이틀(크리스마스와 새해 첫날)만 빼고 아침부터 저녁 늦게까지 우리 부부는 정성껏 음식을 만들었다. 음식을 통해 손님들에게 추억을 담은 행복과 희망이 가슴에 한송이 꽃으로 피어나길 기도하는 마음으로 최선을 다하였다. 하지만 식당에 매여 있다 보니, 아이들의 학교 행사는 물론이고 발표회나 시상식 심지어는 졸업식에도 참석할 수 없었다. 지금 생각해 보면 왜 그리도 마음의 여유가 없었는지, 마음이 아프고 목이 메 아이들에게 항상 미안했다. 그래도 아이들은 투정 한번 부리지 않고 잘 자라주어 지금은 모두 자기 자리에서 인정받는 위치에 섰다. 뒤돌아보면 우리 가족 모두 서로 사랑을 담은 고생이어서 힘이 들어도 견디어 내었던 행복한 시간들이었다.

　　　아이들이 잠들고 난 뒤에 고요함이 가득해지면 책상에 홀로 앉아 내가 부딪친 일상들을 틈틈이 적어나갔다. 젊은 날의 상처로 글을 쓰는 것에 대한 두려움이 가득했지만, 그저 일상적인 이야기, 가족 이야기, 이웃 이야기, 친구 이야기 등 소소한 일상들을 다시 쓰기 시작했다. 남편은 글을 다시 쓰는 것을 망설이는 나에게 원하는 대로, 쓰고 싶은 대로 마음껏 써보라고 용기와 격려를 아끼지 않았다. 그렇게 나의 이야기를 카카오스토리에 올리고 사람들과 글로 대화하면서 답답한 어둠 속에서 허우적대며 힘들어하던 내 모습이 조금씩 변화가 생기기 시작하였다. 그렇게 써 내려간 글과 시가 점점 많아질수록 젊었을 때 포기했던, 가슴 깊숙하게 묻어왔던, 나의 바람이었던 시인이 되고 싶은 마음이 꿈틀거렸다.

어느 날 남편이 나의 글로 책을 내는 것이 어떻겠냐고 제안을 했다. 부부는 오래 살면 살수록 눈빛만으로도 서로의 마음을 안다더니, 내 마음을 들켜버린 것 같아 창피했다. 그러나 막상 내 이름으로 나만의 이야기가 책이 되어 나온다는 것을 상상하니, 설레는 마음은 뒷전이고 나를 아는 모든 분들 앞에서 나의 모든 것을 있는 그대로 들어내 보인다는 생각이 벌거벗은 채 들판에 홀로 서 있는 듯해서 너무 쑥스럽고 부끄럽기만 했다. 그저 나의 30년 이국 생활의 소소한 이야기들이 내가 아는 모든 분들에게 봄날의 기쁨이 되었으면 하는 소박한 바람을 해 보면서 이렇게 작은 책을 내 본다.

나의 남편이요, 스승이요, 연인이며 친구인 니콜라오에게 깊은 존경과 사랑을 담아 이 책을 바치고, 늘 부족하고 흠투성이인 엄마를 자신들의 영웅처럼 바라보고 모든 지원을 아끼지 않는 선아, 준, 진이 우리 삼남매에게도 마음 깊이 사랑과 고마움을 전한다.

또한, 출판을 허락해 주신 들숨날숨 출판사와 책을 만들어 주신 분도인쇄소 관계자들에게 깊이 감사드린다.

"나에게 이루어진 모든 삶이 기적이었습니다."

2025년 봄을 시작하며
김영선 헬레나

일상 이야기

#꽃향기 #가을 속으로 #일상 속에서 #바다 #가뭄
#삶에 대하여 #"감사합니다, 미안합니다, 안녕하세요"
#한마디의 말 #Greensleeves #물건들을 떠나보내며
#봄 봄 봄 #목련의 기다림 #말할 줄 모르고 #감사하는 마음

 **꽃향기** 2012.10.14.

아침에 무심코 운동할 때마다 '참 좋은 향기구나!' 하면서 그냥 무심히 몇 번이나 지나치곤 했는데, 오늘은 어디서 나는 향기인지 찾아보고 싶은 마음에 주위에 핀 꽃마다 꽃들에게 미안했지만, 동물처럼 킁킁거리며 향기를 맡아보았다. 은은하고 싱그러운 그 꽃향기의 주인공은 길가에 서 있는 볼품없는 나무에서 풍겨 나오고 있었다.

문득 어린 시절, 아버지께서 하시던 말씀이 생각났다. 평생을 군인으로 사셨지만 틈만 나면 언제나 집에 있는 화단에다 꽃을 심곤 하셨던 우리 아버지.

내가 열서너 살로 기억하는데, 아버지께서는 대청마루 앞 뜨락에 햇볕이 비치는 날이면 눈을 지그시 감고 앉아 계시곤 하셨다. 뭐하시느냐고 물으면 아버지께서는 꽃향기를 듣는다고 하셨다. 그때 처음으로 꽃향기는 '맡는' 것이 아니라 '듣는다'라는 것을 처음 알았다. 그중에서도 천리향을 가리키시며, 향기가 천 리나 간다고 '천리향'이라시면서 '사람마다 자신의 향기를 가지고 있는데 그 향은 맑고 선한 사람에게서는 은은하고 좋은 향이 나지만 탐욕스럽고 이기적인 사람에게서는 거기에 걸맞은 얼굴을 찡그리게 하는 좋지 않은 역겨운 향기가 나며, 아무리 좋은 향기를 가졌더라도 남을 생각할 줄 모르면, 제 집 울타리를 넘지 못한다'고 하셨다. '항상 좋은 향기를 가진 사람이 되도록 자기 자신을 돌아보고 그 향기가 제 집 울타리에만 갇히지 않게 언제나 주위 이웃들을 돌아보고 남을 먼저 생각하는 넓은 마음, 열린 마음을 가지도록 하라'는 말씀을 다시 한번 생각해 본다.

나에게서 나는 향기는 어떤 향기일까?

얼마나 멀리까지 향기가 퍼질 수 있도록 내 삶 속에서 노력하고 있는 걸까? 이 나무의 향기가 잊고 있었던 아버지의 가르침을 일깨워주는 고마운 나무였다.

 ## 가을 속으로

2012.10.29.

한국에서 참 이쁘게 살고 있는 마음이 고운 자매님이
가슴이 설레는 가을 속으로 나를 초대했습니다.

비록 가지는 못하지만,
나는 아침마다 눈을 감고 이 가을 속을 걷습니다.
이 가을 속으로 걸을 때면
나도 곱디고운 단풍이 되어버립니다.
나도 내 몸이 빨갛고 노랗게 물들며
내 삶의 마지막 열매를 꿈꿉니다.

뜨겁고 찬란하며 빛나는 모습으로
내 살아있는 시간의 마지막 날도
이와 같았으면 하고 생각해 봅니다.

 **일상 속에서**　　　　　　　　　　　　　　　2013.5.18.

　　언제나 어김없이 아침 6시면 주섬주섬 옷을 챙겨입고 나갑니다. 아직 온 주위가 깜깜하지만. 몇 년 전부터는 걷지 않고 약 7km를 40분 정도로 뛰었습니다. 그런 나를 남편은 걱정이 되었는지, "무릎을 지금부터 조심해서 다루지 않으면 나처럼 수술해야 할지도 모르니, 뛰지 말고 빠르게 걷기를 해!"라고 일러주었습니다. 그 후로는 겁이 나서 무조건 뛰기는 접고 빠르게 걷기를 했는데, 시간상으로도 별 차이가 나지 않아 무척이나 흡족했습니다.

　　그러다가 어느 여름날, 이른 아침에 천천히 걸으면서 맑고 신선한 공기가 폐 속 깊숙이 들어가라고 숨을 아주 깊이 들이마시고서는 잠시 머금다가 천천히 내뱉었습니다. 이렇게 몇 번을 반복하니 이른 아침의 생명들이 움직이기 시작하는 생동감을 온몸으로 느낄 수 있었습니다. 이것을 한방에서는 양의 기운, 즉 '양기'라고 한다고 합니다. 천천히 걸으니 주위 풍경을 볼 수 있고, 느낄 수 있고, 들을 수 있으니 내 마음속에서 가만히 뒤척이던 생각의 씨앗들이 자라나는 것 같았습니다. 전에 살던 집은 온 사방이 산들로 둘러싸이고 목초지들도 많아 그냥 걷기만 해도 들판 속을 걷는 것처럼 한 폭의 풍경화 같아 너무 좋고, 행복한 나만의 순례길 같아서 매일 아침이 가슴속 설렘으로 다가왔었습니다. 그러나 지금 사는 이곳은 그런 호사

스러움은 느낄 수 없는 단조로움과 삭막함과 숨이 막히는 듯한 답답함으로 우울해지기도 하지만, 그래도 간간히 잘 가꾸어진 정원의 꽃들과 이름 모를 들꽃들, 담장 밖으로 삐죽이 얼굴을 내민 피조아 나무와 안고 있는 레몬들이 너무 무거워 여기저기 떨어뜨려 놓은 상큼한 노란색의 레몬나무에서 떨어진 것들을 줍고 싶다는 망설임을 뒤로하고 열심히 걷기를 합니다.

사람의 명은 하늘이 주신대로 받지만, 나의 무지와 나태로 인해 짧아지는 실수를 저지르지 않고 그저, 허락된 내 생명의 시간까지는 건강하게 살아서 인간의 존엄성을 잃지 않고 마지막까지 인간의 품위를 지키고 싶다는 소박한 바람으로 이리저리 핑계를 대며 건너뛰고 싶은 유혹들을 과감히 물리치고 매일매일 정해진 시간에 의식을 치르듯 천천히 걷습니다. 이렇게 걷는 동안 나는 완벽한 나 자신이 됩니다. 어느 것의 방해도 없이 나 홀로 길 위에서 많은 생각을 합니다. 여러 가지 생각을 하기도 하지만, 대부분은 내가 세워놓은 삶의 원칙들에서 내 작은 일상들이 흐트러지지는 않는지를 돌아봅니다.

오늘은 내가 너무 깊이 생각 속에 빠졌었나 봅니다. 아침에 나오기 전에는 분명 슈퍼에서 우유를 사야지 했는데, 슈퍼도 아무 생각없이 지나오고 우리 집도 그냥 지나쳐 버렸습니다. 한참을 가다가 문득 이리저리 둘러보니 우리 집이 내 뒤로 조그맣게 보였습니다. 그냥 습관처럼 발이 걷고 있었나 봅니다. 얼마나 황당하고 창피스럽던지, '이거 혹시 치매 초기 증상?' 하면서 갑자기 머릿속에서 스치는 생각, '생각한 대로 살지 않으면 사는 대로 생각하게 된다.'

그렇습니다. 우리네 삶도 우리가 정한 원칙대로 살아갈 수 있도록 매 순간 깨어있지 않으면 살면서 익힌 업(습관)대로 아무 생각 없이 그냥 일상적으로 살 수도 있습니다. 좋은 습관(업)은 익히기가 나 자신과의 적당한 타협에 대한 유혹으로 힘도 많이 들고 습관화하기 위해 시간이 많이 듭니다. 하지만 좋지 않은 습관은 깊은 사고 후에 나오는 것이 아니고 인간이 가진 본능대로 감정적이고 즉흥적이므로 별다른 어려움 없이 쉽게 몸에 뱁니다. 우리네 삶은 수없이 많은 시간의 조각들로 이루어져 있습니다. 그래서인지 조금씩 조금씩 흘려버리는 시간에 대해서 미안함도 안타까움도 못 느낍니다. 내 생명이 빠져나가는 줄을 알지 못하는 무지에서 옵니다. 그러기에 어떤 일을 결행할 때 내일이라는 덫에 걸리곤 합니다.

삶을 허비하지 않고 후회없이 살고 싶다면 오늘이 나의 인생 전부인 것처럼 내게 주어진 시간, 일분일초도 소중하게 아껴 쓰는 지혜를 가져야겠다는 생각을 오늘 다시 한번 더 일깨우게 되었습니다.

오늘의 이 어처구니 없는 실수는 많은 시간의 더미 속에 묻혀 대충대충 살려는 나의 게으름을 질책하고 내가 내 삶의 주인이 되어 내가 원하는 삶을 살 수 있도록 항상 깨어있음을 부각해 준 소중하고 고마운 인연이 되었습니다.

 ## 바다

2012.11.4.

한 서너 달 전에
뉴질랜드 수도 웰링턴으로 가는
멋진 길을 발견했어요.
다소 위험하기도 하고,
시간도 좀 더 걸리지만,
자연의 있는 그대로의 모습을 볼 수 있어서
정말 아름다웠습니다.
완벽한 조화와 균형을 이루면서…

그날 바다는 나에게 이렇게 말합니다.

"사소한 일들은 모두 털어버리고
 바다처럼 더 넓어지고 깊어져라."

나는 그저 아무 말 없이
묵묵히 바라만 볼 뿐입니다.

 **가뭄**　　　　　　　　　　　　　　　　　　2013.3.24.

　　며칠 전 너무나 반가운 비가 오기는 했지만, 그것으로는 가뭄이 해소되기에는 충분하지 않았나 봅니다. 여전히 뉴질랜드 전체가 가뭄으로 시달리고 있습니다. 이곳은 특히나 낙농업이 국가기간산업인지라 그 피해가 더욱 심각한 듯합니다. 연일 여러 매스컴에서 물 아껴쓰기 홍보가 자주 등장합니다만 남섬 지역의 대부분이 가뭄으로 인한 피해들이 속출하고 있습니다. 정부에서도 가뭄 재해 지역으로 규정하고 세금감면이나 재난지원금 등 여러 방면으로 조치들을 취하고는 있지만, 여전히 미미한 힘일 뿐입니다. 내가 사는 이곳 Mnawatu 지역도 예외는 아니어서 가뭄 재해 지역입니다. 매일 Massey 다리를 건너면서 점점 바닥을 드러내는 강바닥이 안타까울 뿐입니다. 또 아침에 운동하다 보면 너무 타버려서 누런 산등성이들의 그 까칠한 황금빛들을 보면서 '정말 너무 가무는구나~, 비님은 언제 오시려나' 하는 생각이 듭니다. 그리고 산비탈에 있는 소들이 겨울이 되어야만 먹을 수 있는 건초들을 지금 먹고 있는 것을 보면, 앞으로 다가올 겨울에는 저 아이들이 무얼 먹을지 생각하면 마음이 더욱 무거워집니다.

　　동네 한 바퀴를 걷다 보면 대부분 집들의 잔디 또한 누렇게 타들어 가고 있습니다. 그런데 몇몇 집의 잔디는 초록빛을 띠기도 합니다. 물을 아껴야 하는데, 실망이 큽니다. 그러다가 우연히 길을 걷다가 어느 한 집을 보고서는 경악했던 일이 있습니다. 그 집에는 노부부가 사는데 언제나 부지런해서 평상시에 세차도 자주하고 꽃이며 나무들, 집 주위를 워낙 깔끔하게 잘 손질해서 오가는 길에 항상 눈에 띄는 집입니다. 그 집도 가뭄에는 예외가 아니어서 집 앞 잔디가 누렇게 다 타 있었습니다. '아, 여기도~' 하고 지나치는 순간 우연히 그 집 뒷마당을 보는 순간, '어떻게, 이런 일이?' 하면서 놀라움이 아니라 충격 그 자체였습니다. 그 집 뒷마당의 잔디는 너무 푸르다 못해 거의 골프장의 그린 같았습니다. '어쩜 이런 어려움 속에서도 이렇게나 푸릇푸릇하게 싱싱하게 잘 자랄 수 있었을까?' 물론 사용하고 난 후의 물을 일일이 다 손수 뿌렸을 수도 있고, 여러 방법이 있을 수도 있습니다. 하지만 내가 놀란 것은 사람들이 지나다니는 길가 잔디는 다 타서 누런데, 유독 뒷마당만 푸르다는 것입니다. 그래도 자신들의 행위가 남들 눈에 떳떳하지는 않다는 것은 알았나 봅니다. 모두 힘들어하고 안타까워하는데도 자신들만을 생각하는 그 철저한 이기심과 이중성으로 인해 그 집 앞에 서 있기가 역겨웠습니다.

지금 이 가뭄의 어려움이 우리와는 직접 연관된 것이 아닌, 남의 일 같이 그리 마음 깊이 다가오지는 않을지도 모릅니다. 하지만 모든 것들은 우리 눈에 보이지는 않지만 하나의 생명의 뿌리로 연결되어있습니다. 가뭄으로 인해 소들이 먹어야 할 목초가 부족하니 사룟값이 올라가고 그 가격을 감당하지 못해 소나 양들의 도축이 빨라지고 있으니, 고기 가격이 올라가고 유가공식품들도 덩달아 가격이 오르고 따라서 전체적인 물가가 올라가는 것은 당연지사이고 모두가 도미노 현상처럼 꼬리에 꼬리를 물고 이어지는 현상들입니다. 결국, 남의 일이 아니라 우리 모두 개개인이 부담해야 할 일로 남겨지는 것이지요.

다 같이 이 어려운 상황 속에서도 조금씩 불편함을 참고서 가뭄과 맞서 싸우고 있는 농부들의 외롭고 힘든 고투를 공감하고 서로 나눌 수 있는 마음들을 가지는 것이 지금 필요하지 않을까 생각해 봅니다.

작은 힘이나마 내게 주어진 귀하고 귀한 물을 최대한 아껴쓰면서 간절히 기도해 봅니다.

"하느님, 제발 비님을 내려 보내주세요. 제발~"

 삶에 대하여   2013.2.6.

웰링턴에 갈 일이 생겼습니다. 막내 녀석의 일도 있고 또 딸아이의 얼굴도 볼 겸해서 아침 일찍, 새벽은 아니지만 그래도 서둘러 출발했습니다. 항상 웰링턴 갈 때면 그렇듯이 오타키에 있는 휴게소에서 모닝커피와 간단한 먹거리들을 사서 휴게소 창가 테이블에 앉아 막내 녀석이랑 이런저런 이야기를 나누며 잠시 여유로운 시간을 즐기고 있을 때였습니다.

사이클링 운동복을 잘 챙겨입고 헬멧을 쓴, 자전거를 탄 두 사람이 휴게소 쪽으로 다가와서는 창가에 있는 자전거 주차장에 자전거를 주차하고는 선글라스도 벗고 천천히 헬멧도 벗었습니다. 헬멧 밖으로 감춰진 얼굴이 드러난 한 사람은 일흔이 훨씬 넘은듯한 할아버지였고 또 다른 한 사람은 그보다는 조금 젊은 한 60대 초반 즈음 되어 보였습니다. '아~ 아침 일찍부터 자전거 여행을 시작했구나' 하면서 저렇게 나이가 많이 들어서도 자전거 여행을 한다는 것이 무척이나 신선해 보였습니다. 그리고서 무심히 그 사람들을 다시 찬찬히 바라보는 순간, 갑자기 머릿속이 번쩍하는 충격을 받았습니다. 60대 초반 즈음 되어 보이는 사람의 왼쪽 팔이 없는 것이었습니다. '한 팔로 자전거를 타다니, 그것도 자전거 여행을!' 얼마나 놀랐던지 한동안 멍하니 그 사람을 쳐다보았습니다. 그 짧은 순간에 수없이 많은 생각들이 스치고 지나갔습니다. '얼마나 힘든 순간들이 이 사람 앞에 많이 있었을까? 어떻게 이런 일을 받아들이고 견디어 낼 수 있었을까?' 하지만 이런 내 생각하고는 전혀 다르게 그 사람의 얼굴은 무척 밝고 편안해 보였습니다. 마치 자신에게 아무런 장애가 없는 것처럼, 사고이든 뭐든 간에 이 사람처럼 주어진 여건을 그대로 받아들이면서, 있는 그 자리에서 최선을 다해 산다는 것. 마음을 편안하게 가지고 산다는 것이 이처럼 사람이 살아가면서 물 흐르듯이 살아간다는 것만큼 힘든 것이 있을까? 무리하게 욕심내지 않고 주어진 삶을 거스르지 않고 하느님의 큰 의지대로, 주어진 대로 흘러간다는 것을…. 흐르고 흐르다 장애물을 만나면 돌아가기도 하고 웅덩이를 만나면 잠시 멈추어 서서 물이 넘칠 때까지 묵묵히 기다리며 그러나 결코 물의 본질은 잃지 않은 채, 그렇게 산다는 것이 이 사람의 얼굴에서 풍기는 여유로움과 편안함이 아닐까?

그러다 문득 그 사람을 바라보고 있는 나를 바라봅니다. 세상 모든 것을 볼 수 있는 두 눈과 세상의 모든 소리를 들을 수 있는 두 귀와 하고 싶은 모든 것들을 표현할 수 있는 입과 그리고 사랑하는 사람들과 모든 것을 꼭 껴안을 수 있는 두 팔과 두 손, 또 내가 가고 싶은 곳은 어디든지 갈 수 있는 두 다리와 두 발…

감히 하루하루가 언제나 똑같이 반복되어서 갑갑하고 무료하다고, 내가 가진 것이 너무 초라하고 보잘것 없다고 가끔 투덜거리곤 하던 내 모습이 갑자기 떠올라 그 사람 앞에서 무척 부끄러웠습니다.

아, 나는 얼마나 많은 것들을 가지고 있는가? 불현듯 내 삶에 대한 감사와 외경으로 가슴이 벅차오름을 느낍니다.

얼마나 크나큰 은총과 축복 속에 파묻혀 살고 있는지, 한순간 한순간이 얼마나 감사한 날들인지, 그저 당연히 주어져 있는 것이라고 생각하던 모든 것들이 나에게 새롭게 다가왔습니다. 오늘 자전거 여행을 하는 두 사람은 미혹한 나를 이끌어 준 또 하나의 가르침이 되었습니다.

주님! 앞으로 저에게 주어지는 삶의 순례 속에서 한순간도 오늘의 이 마음을 잃지 않고 마지막 숨을 내쉴 때, '주님, 감사합니다!' 라고 고백할 수 있도록 항상 깨어있는 삶을 허락하소서.

"감사합니다, 미안합니다, 안녕하세요" 2012.12.21.

　　어제는 급하게 몇 가지를 살 일이 생겨서 우리 가게 뒤에 있는 슈퍼마켓에 갔었습니다. 크리스마스 전이어서 그런지 사람들이 꽤 많이 북적였습니다. 그곳에서 한 세 살쯤 되어 보이는 사내아이와 엄마 그리고 사내아이보다 더 어린 아기에게 내 시선이 멎었습니다. 초콜릿 우유를 6개씩 묶어 한 팩으로 만들어 파는 곳에서 있었던 일입니다. 사내아이가 엄마에게 그 초콜릿 우유를 사달라고 말하는 것 같았습니다. 아마도 슈퍼에 오기 전부터 약속이 된 듯했습니다. 엄마가 사내아이에게 초콜릿 우유를 사주면서 말했습니다. "You forgot something?" 그러자 그 사내아이는 눈을 동그랗게 뜨고는 잠깐 생각에 잠기는 듯하더니 "Oh, Thank you! Thank you, Mum."이라고 했습니다. 그 엄마는 "Good Boy!"라며 그 아이를 꼭 안아주었습니다. 난 그 뒤에 서서 그들을 쳐다보며 슬며시 웃음이 피어 올랐습니다. 참 사소한 일, 작은 일에서부터 아이에게 소소하게 가르쳐주는 삶의 가장 중요한 말입니다.

　　"감사합니다, 미안합니다, 안녕하세요."
　　우리는 살면서 이 세 가지 기본적인 말들을 잊고 삽니다. 언젠가 일본어 선생님이 하던 말이 생각납니다. 일본에서는 '도우조どうぞ'와 '아리가토ありがとう'만 적절하게 잘 사용하면 일본여행에서 큰 어려

움은 겪지 않을 것이라는 겁니다. 참, 그렇겠구나! 하는 생각이 듭니다. 누군가에게 아주 사소한 것이라도 도움을 받았으면 "감사합니다, 고맙습니다"라고 해야 하고 또 누군가에게 폐를 끼쳤으면 "죄송합니다, 미안합니다." 그리고 낯이 익거나 아는 사람을 만나면 "안녕하세요"라고 해야 한다는 것은 아주 아주 어릴 적부터 우리는 부모님이나 어른들로부터 배워왔습니다. 그런데 왜 나이가 들면 들수록 이런 말을 하는 것이 힘이 들까요? 아니면 바쁘게 사느라 이런 말을 해야 하는 것 자체를 잊어버린 것일까요? 우리 어른들이 이러하니 아이들도 마찬가지입니다.

어릴 때부터 남을 배려하고 적절한 때에 인사를 꼭 해야 하는 기본적인 예의를 배워야 하는데, 처음 접해서 배우는 것이 한글공부, 수학공부, 영어공부. 예능 등. 온통 공부, 공부, 공부뿐입니다. 공부만 잘하면 예의가 없고 남의 생각을 전혀 이해하지 못하는 이기적인 아이가 되어도 아주 너그럽게 보아줍니다. 그저 기술적인 면만을 강조하다 보니, 앞으로 인생을 살면서 원하든 원하지 않던 서로 맺어지는 인간관계 속에서 반드시 알아야 하고 행해야 하는 기본적인 예의를 모르는 아이들로 자라나는 안타깝고 우울한 현실입니다. 인사란 말 그대로 사람 '人' 자에 일 '事' 자입니다. 곧 '사람의 일'이란 것입니다. 사람이 사람의 일을 제대로 하지 못하면 사람이 아닐 수도 있다는 말이 아닐까요?

"감사합니다, 미안합니다, 안녕하세요"

많이 하면 할수록 내 마음은 훨씬 가벼워지고 부드러워짐을 느낍니다. 이 말을 듣는 사람들도 마찬가지겠지요. 특히나 가까운 사람들, 가족들에게는 더 많이 써야 하는데도 불구하고 이런 말들을 생략한 채, 데면데면하듯 살아갑니다. 나는 될 수 있으면 남편에게도, 우리 아이들에게도, 주위의 많은 분들에게도 자주 하려고 노력합니다. 때로는 쑥스러울 때도, 귀찮을 때도 그리고 아주 가끔은 슬며시 밉고 얄미운 마음이 드는 때도 있지만 그래도 합니다. 자꾸 하다 보면 습관이 될 테니까요.

"감사합니다, 미안합니다. 그리고 안녕하세요"

작년보다는 더 많이 말했던 것 같습니다. 내년에도 올해보다는 더욱더 많이 말할 수 있도록 노력해야겠습니다. 저물어가는 한 해의 끝자락에 서서 그동안 베풀어준 은혜에 감사합니다. 혹여 본의 아니게 조그마한 마음의 상처를 입힌 실수를 범했다면 미안합니다. 너그럽게 이해해 주세요.

그 사내아이의 작은 말 한마디가 이렇게 다 큰 어른을 일깨워준 살아있는 고마운 법문이었네요. 나를 세상에 있게 해 준 모든 만물에 감사드립니다.

 한마디의 말

2012.11.17.

　우리는 참 많은 말을 합니다. 아침에 눈을 뜨면서부터 잠자리에 들 때까지 쉴새 없이 말을 합니다. 하룻동안 우리가 내뱉는 말들을 곰곰이 살펴보면 1/3은 꼭 해야 할 말, 또 1/3은 해도 되고 안 해도 되는 말, 그리고 나머지 1/3은 안 하면 더 좋은 말입니다.

　그럼 우리가 하고 싶은 말의 1/3만 하면 신중한 사람, 사려 깊은 사람이 되겠지요. 사람과 사람 사이에는 말이 필요합니다. 짐승과 인간이 다른 점은 생각할 수 있다는 것과 말을 할 수 있다는 것이지요. 그런데 말이 때와 장소에 따라 생각 없이 자기가 하고 싶은 대로 쏟아낸다면 어떻게 될까요?

　말은 그 사람의 인격입니다. 말은 그 사람의 얼입니다. 말은 그 사람의 속뜻을 드러내 보여주는 것입니다. 나오는 말 한마디, 한마디가 천박할 때는 나와 그 사람의 거리가 멀어질 뿐만 아니라 다시 만나고 싶지 않아집니다.

　그리고 사랑이라는 말로 적당히 감춰진 위선과 교만과 신념이라는 말로 포장된 독선과 아집의 말들을 들을 때면 거리는 점점 더 멀어집니다. 내가 무심히 내뱉은 한마디의 말이 다른 이의 가슴에서 싹이 터 고운 꽃을 피울 수 있고, 다른 이의 가슴에는 지워지지 않는 상처로 남아 어두운 그림자를 드리울 수도 있습니다.

말을 할 때 듣는 이의 마음을 배려할 수 있는 마음의 여유를 가지고 좋은 말, 고운 말, 힘이 되고 위로가 되는 말, 말을 하되 한마디로 끝날 수 있는 말은 두 마디로 만들지 않고 침묵의 시간을 거쳐서 나오는 말이어야 합니다.

말하기 전에 먼저 생각하고 또 생각하고
내가 하는 이 말이 내 생애의 마지막인 것처럼 한다면
아마도 말을 아무 생각 없이 내뱉지는 않겠지요.

주님, 제가 무심히 내뱉은 말에 상처받은 이를 치유해 주시고 저를 용서해 주소서.

 Greensleeves   2013.12.31.

요즈음은 '크리스마스 나무'라고 하는 '포후투카와'가 한껏 아름다움을 뽐내며 현란한 모습으로 아침 운동길에 인사를 건넵니다. 싱그러운 푸른 잎들과 화려한 빨간색 꽃들은 강렬한 이미지로 기승을 부리는 여름 날씨와 참 잘 어울린다는 생각이 들게 합니다. 길 위로 떨어지는 꽃잎들은 개구쟁이 아이들 손에 흩뿌려진 빨강 물감을 떠오르게 합니다.

한해의 끝자락에 서서 숨 가쁘게 달려온 지난 시간을 돌아다 보니 많은 아쉬움과 후회스러움 그리고 안타까운 마음들이 밀려듭니다. 나름 빈틈없이 열심히 서 있는 자리에서 최선을 다해 살려고 노력은 했지만 언제나 이맘때면 손에 잡히는 것은 아무것도 없는, 허공에 대고 허우적거린 것 같은 허탈한 마음만 듭니다.

오늘 아침은 성당에서 봉사가 있는 날이어서 허겁지겁 겨우 시간에 맞춰서 성당에 도착했습니다. 꼬마 아이들의 영세가 있는 날이라서 성당 안도 부산스럽고 낯선 얼굴들이 많이 보였습니다. 미사가 시작되고 여느 때와 같이 아이폰으로 성경을 읽고 있는데, 옆에 앉은 한 60대 후반쯤 되어 보이는 여자분이 나에게 "Using your phone during Mass is bad manners so hurry up and turn it off. Don't you know these basic manners at Church."라고 말했습니다. 말하는 톤이나 얼굴에서 아주 못마땅한 표정이 여실히 드러났습니다. 너무나 황당하고 어이가 없어서 잠시 멍하니 있다가 그분에게 "I'm not texting or making a phone call. I'm reading today's reading." 다소 감정을 억누르며 최대한 부드럽게 말했습니다. 하지만 그분은 듣고 싶지 않다며 당장 전화를 끄라면서 미사 중이니 조용히 하라고 합니다. 얼굴을 휙 돌리면서 혼잣말로 하는 욕설이 내 귀에 들렸습니다. 그 말을 듣는 순간 너무 화가 나서 숨이 막히는 것 같이 가슴이 욱하더니 눈물이 핑 돌면서 손이 마구 떨렸습니다. 어떻게 이런 말을? 이분이 도대체 왜 이러는지? 또 이걸 어떻게 받아들여야 하고 어떻게 해야 하나?

　　　　신부님의 강론이 전혀 귀에 들어오지 않았습니다. '미사 끝나고 신부님께 말씀드릴까? 아니면 그분에게 사실을 조목조목 설명하고 사과를 받아낼까?' 온통 머릿속이 뒤죽박죽 폭탄을 맞은 것 같았습니다. 곰곰이 이리저리 생각하다가 미사 끝나고 그분과 조용히 얘기해야겠다는 쪽으로 결론을 내렸습니다. 축복의 인사를 나눌 때도 그분은 마지 못해 시선은 마주치지도 않고 하는 둥 마는 둥 시늉만 내었습니다. 그러다가, 성체성사 중에 들려오는 은은하고 감미로운 한줄기의 음악 소리가 분노와 미움에 싸여 꽁꽁 토라져 있던 좁디좁아진 내 마음을 부드럽게 아주 부드럽게 다독거려 주었습니다.

　　　　영국 민요인 「Greensleeves」가 흘러나오면서 내 마음을 다독입니다. 유난히 클래식 음악을 좋아했던 우리 언니는 새로운 클래식을 들려줄 때마다 조용조용 그 음악이 나온 배경이나 작곡가 그리고 음악에 얽혀있는 얘기들을 쉽고 재미있게 풀어주곤 했었습니다. 이 잔잔하고 고운 선율이 언니와의 그 아련한 추억들을 떠오르게 했습니다. 나이가 들면 들수록 아무리 들어도 질리지 않고 언제나 새로운 느낌과 감동들을 선물하며 들을 때마다 하나둘씩 되살아나는, 잊고 있었던 언니의 클래식 음악들이 너무 그리워집니다. 그 옛날의 단발머리 소녀들처럼 언니랑 함께 음악을 듣고 싶은 기억의 조각들이 되살아났습니다. 조용히 눈을 감고 추억이 묻어나는 그 음악을 듣고 나니 마음이 많이 차분해지면서, 그분의 입장에서 문제를 바라볼 수 있는 여유를 가지게 되었습니다. 그분이 요즈음 나오는 아이폰의 기능을 전혀 모르는 분이라면 충분히, 그런 반응을 보일 수도 있겠다는 생각이 들면서 이해가 되었습니다. 그리고 나니, 혼란스럽던 내 마음에 다시 잔잔하고 고요한 평화스러움이 찾아왔습니다.

한해의 끝에서 오늘의 일이 올 한해 내가 어떻게 살았었는지를 깊이 반성하는 계기가 되었습니다. 내 입장에서, 내 생각만을 갖고 상대를 판단하고 비난하고 내치지는 않았는지, 우리가 사람과의 사이에서 흔하게 남발하는 용서라는 말의 이면에는 여전히 내가 옳고 네가 틀렸다는 생각이 깊게 자리 잡고 있습니다. 용서라는 말보다는 상대의 입장을 깊은 인내와 사랑으로 이해하는 여유로움을 가졌으면 합니다.

물건들을 떠나보내며

2013.4.9.

　오늘 아침에는 평소보다 무척 부산스러웠습니다. 아침 9시에 우리가 기부하기로 한 곳에서 물건들을 실으러 차가 오기로 했기 때문입니다. 그동안 쌓이고 쌓여있던 물건, 잘 안 쓰는 물건들을 정리했습니다. 하나둘씩 정리하면서 내 마음속 한구석에서 '아, 이걸 중고가게에 내다 팔면 적지 않은 액수가 될 텐데' 하는 속삭임에 자꾸 미련이 생깁니다. 하지만 다른 사람들은 아무 미련 없이 큰돈으로 기부하기도 하는데, 기껏 집에서 안 쓰는 물건들을 주면서 그런 마음을 가진다고 남편의 핀잔을 들었습니다. 참 그렇기도 합니다. 말로는 '욕심을 버리자, 가볍게 살자' 하면서 마음 한편에서는 미련이나 아쉬움이 남아있으니, 아직도 가진 것에 대한 집착이나 욕심이 가득했나 봅니다. 정말 한심한 내 모습입니다. 꼭꼭 감춰놓은 속마음을 들킨 것 같아 남편 보기가 부끄러워서 빨리빨리 움직이는 척하며 짐들을 하나씩 현관 쪽으로 옮겨둡니다.

　아이들이 어릴 적에 쓰던 둥근 식탁. 그 식탁 앞에 옹기종기 모여 학교에서 있었던 일이나 친구 이야기들을 쉴 새 없이 종알대며 참 많이 쏟아내곤 했었는데…. 책상에는 아이들이 붙여놓은 스티커들이 그대로 남아있습니다. 다 커서 떠나버린 아이들을 언제고 기다리는 엄마의 마음을 닮은 추억의 물건들입니다. 아이들 방의 서랍장. 그리고 아이들이 어릴 적 무더운 여름날이면 간식으로 즐겨 만들어주었던 빨간색의 빙수기가 보입니다. 항상 녹기 전에 서로 먼저 먹으려고 싸우곤 해서 자주 벌을 주었던 그 문제의 빙수기에서 세 아이의 얼굴들이 보입니다. 또 하나는 각기 다른 색깔의 3개의 컵이 있는 밀크쉐이크 기계입니다. 이 엄마는 언제든지 그때처럼 다 만들어 줄 수 있는데, 우리 아이들은 다들 훌쩍 커서 이제는 원하지를 않네요. 세월은 내가 생각하는 것보다 훨씬 빠른가 봅니다. 짐들이 하나둘씩 들려서 나갈 때마다 내 마음이 꼭 바람 빠지는 풍선처럼 '피식~' 소리를 내면서 그 물건들 속에 담겨 있던 추억들도 같이 빠져나가며 구멍이 숭숭 뚫리는 것 같이 마음이 시립니다.

마지막으로 옥션에서 5달러를 주고 샀던 작은 나무 책상이 들려서 나갈 때는 그만 눈물이 핑 돌고 말았습니다. 크기가 작아서 공간을 많이 차지하지도 않아 아무 구석에나 놓고서 틈날 때마다 앉아서 그립고 보고 싶은 얼굴들이 생각날 때면 편지지에 내 마음을 풀어내곤 했던 책상입니다. 하루하루 일어나는 내 일상들 속에서의 느낌들을 한줄 한줄 적어 내려가던 내 생각의 노트와 늘 함께였던 손때묻은 책상입니다. 힘겨운 날들의 깊은 한숨과 허탈한 웃음을 말없이 받아주던 고마운 책상입니다.

짐들이 다 나가고 난 뒤에 주위를 둘러보니 휑하니 텅 빈 것 같아 너무 허전합니다. 어차피 쓰지 않는 물건들인데도 꼭 같이 살다가 떠나는 사람들인 것처럼 마음이 짠하면서 아려옵니다.

'잘 가거라. 우리와 함께한 물건들아! 나의 아이들과 우리와 함께한 고운 추억들을 잊지 않고 내 가슴 속에 꼭꼭 담아두마. 그동안 정말 고마웠고 수고 많았구나! 부디 또 좋은 주인들을 만나 많은 사랑을 받기를 바란다.'

봄 봄 봄

봄 봄 봄이에요.

차갑게 들려오던
강물 소리
출렁출렁
시원스레 들려오고

어지러이 스쳐가던
거친 바람 소리
살랑살랑
평화롭게 들려오고

안으로
꼭꼭 숨었던
알록달록 예쁜 꽃망울들
하나둘 기지개를 켜고

살며시 고개 들어
밖의 세상 엿보는 초록빛 새싹
꿈틀꿈틀.
들썩들썩.

봄 봄 봄이에요.

목련의 기다림

이른 아침
길가에 홀로 선 목련 나무를 보았어요.
보송보송한 하얀 솜털 속으로
누군가에게 펼쳐 보여 줄
황홀한 꿈을 감춘 채
다소곳이 고개 숙인
부끄럼 많은 목련 나무를 보았어요.

보일 듯 말 듯
안으로 감싸 안은 생명이 움트는
몸살 앓는 하얀 눈물 모여
맑고 순결한 하얀 꽃잎 펼쳐 보일
봄을 기다리는 목련 나무를 보았어요.

이슬 묻은 꽃잎 속 고운 얘기 듣고 싶어
한참을 서성거렸지만
조금만 더.
조금만 더.
깊은 봄이 올 때까지 기다려달라는
간절한 속삭임을 외면할 수 없어
설레임과 기다림을 가슴에 안은 채.

나도 봄을 기다리는 목련 나무가 되었어요.

말할 줄 모르고

길 가다 마주쳐도
고개만 꾸벅일 뿐
"안녕하세요?"
말할 줄 모르고

햇살 좋은 날
차 한 잔을 사줘도
"잘 마실게요."
말할 줄 모르고

자기를 위해
이리저리 분주히 뛰어다녀도
"수고하셨어요."
말할 줄 모르고

약속 시간
10분 늦게 도착해도
"미안해요."
말할 줄 모르고

급한 상황에
휴대폰을 빌려줘도
"고맙습니다."
말할 줄 모르고

유치원에서나
배웠을 기본적인 인사를
나이 들어서도
말할 줄 모르고

이러고도 어른일까?
이러고도 사람일까?

의미있는 사랑과
삶의 기쁨들
부지런히 표현하는
소박한 부자가 그립다.

감사하는 마음

눈을 뜨면
오늘 하루 이 아름답고 황홀한 세상
또다시 선물 받습니다.
은은한 꽃향기처럼
온몸으로 스며드는
감사하는 마음.

눈을 들면
시리도록 맑고 투명한 파아란 하늘
온갖 그림으로
미소를 선물하는 하얀 뭉게구름들
은은한 박하 향기처럼
온몸으로 번져나는
감사하는 마음.

상큼하고 신선한 공기
창가에 부서지는 눈 부신 햇살
찰랑거리는 달빛
보석처럼 반짝이는
영롱한 밤하늘의 별들
이 모든 것 한순간도 없으면
살 수 없는 여리디여린 우리들.

매일매일 거저 받기만 하면서도
한순간도 감사할 줄 모르는
교만한 우리들을
하염없이 사랑하시고
또 사랑하시는 우리 하느님.
온 세상에 가득 찬 하느님의 손길.

설레는 가슴으로
수줍은 마음으로
넘쳐흐르는 당신께 향한
나의 작은 사랑과
감사하는 마음을 듬뿍 담아
당신 발 앞에 엎드려
찬미와 영광 드립니다.

오늘도 감사하다 감사하다 말하며
선물 받은 하루를 삽니다.

시 이야기

#시 이야기 #소중한 책
#세상을 변화시키고 싶으세요?
#가을이 되면 나는 시인이 됩니다
#내가 대한민국 국민임이 부끄러울 때
#춤추는 글자들
#요술 시계 #Heart my heart
#날 우울하게 하지 마세요

 # 시 이야기

2013.7.3.

　오늘 아침은 꽤 추웠습니다. 캄캄한 어둠 속 새벽녘에 밖으로 나가보니 시리도록 반짝이는 별빛들 아래로 온 주위가 하얗게 서리가 고요히 내려앉아 있었습니다. 잔디 위에도, 애처로워 보이는 아주 작은 꽃잎들 위에도, 길 위에 흩어져 나뒹구는 낙엽들 위에도. 우주의 질서 속에서 좋고 싫고의 분별없이 어느 곳이든 조용히 곱게 내려앉은 하얀 서리의 모습에서 큰마음을 자비의 마음을 일깨우는 듯한 이른 새벽의 법문 앞에서 나도 모르게 눈을 감고 나지막이 조용한 소리로 두런두런 서정주 님의 「국화 옆에서」를 나에게 들려줍니다.

　　한송이 국화꽃을 피우기 위해
　　봄부터 소쩍새는 그렇게 울었나 보다.
　　한송이 국화꽃을 피우기 위해
　　천둥은 먹구름 속에서
　　또 그렇게 울었나 보다.

　'詩'.
　시를 생각만 하면 지금도 두근거리는 설렘으로 내 마음은 온통 분홍빛으로 물듭니다. 그리고 꼭꼭 숨겨 둔 아픈 기억 하나가 있습니다.

풋풋하던 그 시절, 시를 무척이나 좋아해서 마음에 드는 시들은 몽땅 달달 외워버리던 그 뜨거운 가슴을 안고 살던 시절이었습니다. 장난처럼 끄적거린 내가 쓴 시 아닌 시를 보고 선배 하나가 그 당시 대학가에서 잘 나가던 시인 한 사람을 소개해 주면서 한번 찾아가 보라고 권하기에 몇 번이나 수줍어 망설이다가 힘들게 용기를 내어 그 사람을 찾아갔습니다. 그 사람에게 풋내나는 내 엉성한 시를 쭈뼛쭈뼛하며 보여주었더니, 다 보지도 않고서는 탁자 위에 성의 없이 툭 던지면서 "너무 단순한 언어들을 사용한, 이렇게 쉬운 시들은 대중성이 없다. 이쪽으로는 별 재능이 보이지 않는다"라는 말을 듣는 순간, 얼마나 부끄럽고 창피스럽던지 고개도 못 들고 도망치듯 그 자리를 빠져나왔습니다. 그때 나 자신이 너무도 초라하고 실망스럽고 서러워 한참을 울고는 몇 안 되는 내가 쓴 시들을 전부 타오르는 불길 속으로 던져넣었습니다. 그동안 내 작은 가슴속에서 미처 피지도 못한 채 한 줌의 재가 되어 부서져 사라지는 내 젊은 날의 꿈과 사랑이, 까만 밤하늘의 연기로 사라지는 나의 시를 우두커니 바라보면서 다시는 시 나부랭이는 쓰지 않겠다고 다짐한 아픈 기억입니다.

  그날 이후로 문득문득 가슴속에 꼭꼭 숨겨놓은 기억 속에서 꿈틀거리며 터져 나오려는 언어들을 꾹꾹 누르며 살아온 수많은 시간의 더미 속에서 나도 모르게 텅 빈 가슴속으로 또다시 하나둘씩 맺혀 있던 작은 이슬방울들이 뚝뚝 떨어져 시로 고입니다. 이제는 이 언어들의 유희를 어찌할 수 없어 정말로 두렵기도 하지만, 조금씩 조금씩 조심스럽게 수줍은 듯이 내 마음을 열어봅니다. 다른 사람들의 아름다운 시를 읽거나 또 내 안의 고인 마음들을 시로 표현하면서 이제야 시가 무엇인지, 시를 어떻게 써야 하는지를 어설프게나마 깨닫게 되었습니다. 가장 쉬운 언어로 간결하게 자신의 감정이나 느낌을 자연스럽게 언어로 표현되어야지만 좋은 시가 될 수 있다는 것을 알게 되었습니다.

누군가의 시를 외우고 시를 쓴다는 것은 세상살이에 느슨해진 내 감성의 줄을 팽팽하게 조율하는 것이고, 내 영혼에 맑은 향기를 불어 넣는 것, 반딧불처럼 가슴 깊이 작은 마음의 등불을 켜고 내 앞의 삶에 재촉하지 않고 안으로 조용히 그리고 고요히 삶의 깊이를 음미해 보며 내면의 깊이를 더욱더 성숙시키기 위해 시를 외우고 쓴다는 것만으로도 인간이라는 존재가 참으로 소중하고 위대하다는 생각이 문득 들게 됩니다.

시를 사랑한다는 것은 내 마음속에 언제나 빛을 잃지 않고 반짝이는 작은 별 하나를 가슴에 담아 아름다운 꽃 한송이를 내 마음에서 키운다는 것입니다. 이 어지럽고 팍팍하게 메마른 세상에 내가 아름다움을 가진 인간이라는 자존감을 스스로 조용히 속삭여 주는 감동의 메시지 같은 것이 아닐까 생각해 봅니다.

 **소중한 책**　　　　　　　　　　　　　　2012.9.2.

내 삶에서 소중한 책이 있습니다.
법정 스님께서는 지금 비록 몸을 바꾸셨지만….

처음 스님을 뵌 것이 1980년 초 즈음이었습니다.
송광사 불일암이었는데 벌써 30년 세월이 훌쩍 지나 버렸네요.
종교를 떠나서 처음 스님을 뵐 때,
그때 그 충격은 잊을 수 없을 만큼
아직도 영혼을 흔드는 강렬함으로
내 가슴에 남아있습니다.

시간과 공간을 떠나 스님께서는 언제나 나의 멘토이자,
진리를 구하는 도반이셨지요.
그래도 이렇게나마 남겨 놓으신 책이라도 있으니
얼마나 감사한지요.

세상을 변화시키고 싶으세요?

세상을 변화시키고 싶으세요?
현란하고 화려함 만을 쫓는 두 눈을
사랑과 친절이 담긴 눈으로
모든 살아있는 존재를 바라보세요.

세상을 변화시키고 싶으세요?
요란스러운 소음에 길든 두 귀를
나뭇잎을 스치는 바람 소리에
고요히 흐르는 강물 소리에
귀 기울여 보세요.

세상을 변화시키고 싶으세요?
끝없이 나를 드러내고 뽐내려 바쁜 입을
다정한 말 한마디, 배려 깊은 말을 담아
만나는 이웃들의 마음에 건네 보세요.

세상을 변화시키고 싶으세요?
내 안에 흘러넘치는 작은 기쁨으로
내 안에 일렁이는 작은 사랑으로
만나는 이웃들에게 평화를 빌어 주세요.

가을이 되면 나는 시인이 됩니다

온 세상이 아름답게 물들어가는 가을이 되면
나는 시를 쓰는 시인이 됩니다.
이름 없이 살아온 인생의 메마른 나이테는
바람 따라 어디론가 날아가 버리고
텅 빈 가슴속에 남아있는
작고 초라한 둥근 나이테만 남아
'시를 쓰라'고, '시를 쓰라'고
내 안의 나를 흔들어 깨웁니다.

달려오는 바람에 몸을 맡긴 채,
이리저리 쓸려 다니는 곱게 물든 낙엽들 속에
젊은 날에 미처 피지 못한 내 꿈이, 내 사랑이
한잎 두잎 떨어져 내 발밑에서 신음하며
'시를 쓰라'고, '시를 쓰라'고
가라앉은 마음을 스산하게 쓸고 지나갑니다.

위에서 아래로 소리 없이
떨어지는 마른 낙엽들을 바라보며
끝없이 비우고, 한없이 낮아지라는
나무의 작은 음성을 듣습니다.
가을이 되면, 아름다운 가을이 되면
나는 시를 쓰는 시인이 됩니다.

내 마음속의 미처 끝내지 못한 수많은 단어가
'시를 쓰라'고, '시를 쓰라'고
내 안의 내가 조그맣게 속삭입니다.

내가 대한민국 국민임이 부끄러울 때

내가 대한민국 국민임이 부끄러울 때,
머리에 띠 두르고 떼로 광장에 나가
큰 목소리로 부르짖으면 그것이 정의가 될 때.

내가 대한민국 국민임이 부끄러울 때,
다수의 바보들이 천국을 부르짖으며
온 세상을 지옥으로 만들어 갈 때.

내가 대한민국 국민임이 부끄러울 때,
성실히 열심히 일한 자들의 땀방울을 빼앗아
빈둥거리며 노는 자들의 배를 채우려 할 때.

내가 대한민국 국민임이 부끄러울 때,
나라가 뒤집어지고 엎어지던
자기만 잘 살면이라는 이기심이 팽배할 때.

내가 대한민국 국민임이 부끄러울 때,
나라 전체가 불그죽죽한 것을 바깥세상은 다 아는데
정작 국민들은 스스로 붉게 물들어감을 모를 때.

내가 대한민국 국민임이 부끄러울 때,
나라의 국격이 땅으로 내동댕이쳐져
밖으론 무시당하고 경멸의 시선이 쏟아질 때.

내가 대한민국 국민임이 부끄러울 때,
서서히 자신들의 자유가 잠식 당해감을 모른 채
가면 쓴 권력자들을 향해 열광할 때.

내가 대한민국 국민임이 부끄러울 때,
위태롭게 극좌로 기울어져 침몰하는 한국을
내 목소리가 너무 작아 손 놓은 채 바라만 봐야 할 때.

커다란 바퀴처럼 순환되는 역사 속에서
배우지 못한 어리석음과 무지로 인해
같은 역사 속 잘못이 되풀이되는 것이 아닌가?

춤추는 글자들

눈을 감으면
글자들이 춤을 추네.
내 머릿속에서

눈을 감으면
글자들이 춤을 추네.
내 입속에서

외로움에 지쳐
기쁨에 들떠
슬픔에 잠겨

춤추는 글자들에
생명을 불어넣으면
침묵 속으로 가라앉네.

오랜 기다림 속
춤추던 글자들을
세상 밖으로 끌어내면

빛나는 선물이 되어
아름다운 시가 되어
순결한 기도가 되네.

나는 말과 글의 사람이 되네.

요술 시계

내 가슴 속에는
항상 뒤로만 가는
낡고 작은 요술 시계가 있어요.

어느 뜨거운 여름날
엄마가 싸 준 도시락 들고
폴짝폴짝하며
아버지 따라
낚시 가던 날도 있고.

어느 추운 겨울날
골목 끝 구멍가게에서
연탄불 옆에 쪼그리고 앉아
달고나 만들어 먹던 날도 있고.

한 사람 또 한 사람
내게서 멀리 떠나간
소중한 사람들이 남기고 간
수없이 많은 아름다운 추억의 시간들도 있고.

낡고 작은 요술 시계 속에는
사랑 담긴 시간
웃음 담긴 시간
눈물 담긴 시간
아픔 담긴 시간
많은 빛깔의 날들이
먼지처럼 차곡차곡 쌓여있어요.

내 가슴 속에는
항상 뒤로만 가는
낡고 작은 요술 시계가 있어요

가만히 눈만 감으면
어느 곳
어느 때
누구에게라도 갈 수 있는 요술 시계.

Heart my heart

콩 콩 콩
그리운 이를 만나면
내 붉은 심장은 설레고

쿵 쿵 쿵
미운 이를 만나면
내 하얀 심장은 아우성치네.

1분에 70번의 수고로움으로
나는 오늘도
살아있음에 감사할 수 있네.

너의 타고 난
성실함과 부지런함으로
나는 오늘도 살아 숨 쉬네.

Heart my heart

나는 너에게
그 어떤 보답도 할 수가 없구나.

네가 내 삶의
마지막 박동을 멈출 때까지
나는 오늘도
열심히 살아야겠구나.

날 우울하게 하지 마세요

날 우울하게 하지 마세요.
만날 때마다
바빠서 연락 못 해
정말 미안해요.
그런 말 자꾸 하지 마세요.

그렇게 바빴나요?
아무리 바빠도
당신이 꼭 해야 할 일들
하고 싶은 일들은
다 하고 살지 않았나요?

진심이 담기지 않은
그런 말 자꾸 하지 마세요.
그저 눈에서 멀어지니
마음까지 멀어졌다고
솔직하게 말할 순 없나요?

제발 날 우울하게 하지 마세요.

기도 이야기

♥

#네 소원이 무엇이냐? #작은 소원 하나
#착잡한 심정 #새해의 기도
#기도는 힘이 드네 #십자가를 바라보며
#말씀 #성호를 긋는다는 건 #성경을 펴면
#대림환 #재의 수요일 #사순 #부활
#하느님을 만날 때 #평화의 인사
#주님, 열어 주소서 #주님, 기쁘실까요?
#어디서나 주님을 뵐 수 있고 #고마운 사람

 네 소원이 무엇이냐?   2014.9.29.

    '성모님께 드리는 9일 기도'에 대한 신심은 비교적 최근의 일입니다. 이탈리아의 나폴리에 사는 포르투나 아그렐리는 1884년 2월 4일 극심한 고통과 경련으로 신음하였습니다. 13개월 동안이나 병의 원인을 모르는 끔찍한 병마에 시달리는 이 소녀를 위해 가족들은 간절한 마음으로 9일간의 묵주기도를 시작하였는데, 놀랍게도 그해 3월 3일, 성모님께서 소녀에게 발현하셔서 "9일 기도를 세 번 바쳐라. 네가 원하는 것을 얻을 것이다." 그 후, 성모님께서 한 번 더 발현하셔서 "누구든지 도움을 얻고자 하는 사람은 청원의 9일 기도 세 번과 감사의 9일 기도 세 번을 바쳐라." 이후 이 묵주기도로 인해 일어난 기적들은 교황 레오 13세에게 커다란 감명을 주어 교황은 회칙마다 모든 신자들이 묵주기도를 정성스럽게 열심히 기도할 것을 당부하는 내용을 담았습니다.

    이토록 은총 가득한 9일 기도를 드리면서 나의 나태함과 어리석음으로 인해 저질렀던 커다란 실수 하나를 참으로 부끄럽지만, 감히 고백함으로써 용서를 청합니다. 나의 9일 기도는 지금 내가 처한 어떤 절박한 일을 위해 딱히 정해놓고 하는 것이 아니라 삶의 규칙처럼 매일매일 기도를 합니다. 내 주위를 둘러보아 고만고만하고 밋밋한 일상 속에서 큰 변화 없이 평범하게 사는 것도 모두가 하느님께서 주시는 나의 기도에 대한 응답이시며 은총이라고 생각하다 보니, 그 이상을 바라는 것은 내 분수 밖의 일인지라 지향도 극히 소박하게 '그저 저에게 주시는 새날들, 하루하루 일어나는 제 몫의 모든 것들에 성실히 최선을 다하며 당신 뜻에 합당하게 살겠습니다'입니다. 청원의 9일 기도 세 번, 27일과 감사의 9일 기도 세 번, 27일 즉 54일이면 9일 기도가 끝나는데도 아무 생각 없이 하던 습관대로 하다 보니, 나흘이 더 지나도록 여전히 감사의 기도를 바치고 있었습니다. 그러다 우연히 날짜를 짚어보니 '아이고~' 너무 당황스럽고 죄스러워 '성모님, 죄송합니다. 용서해 주세요'만을 되뇌었습니다. '어휴~ 바보, 헛똑똑이 헬레나.'

사실 묵주기도야말로 세속적인 지식이 아니라 내면의, 영혼의 성숙을 활성화하는 반복적인 훈련입니다. 단순히 성모송을 기계적으로 외우는 기복적인 기도행위가 아니라 묵주기도란 이름에 걸맞게 각각의 신비의 주제에 온 마음과 정성을 모아서 그 주제가 무엇을 의미하는지 우리 삶 속에 어떻게 반영시켜 나가야 하는지를 깨닫고자 구하고 노력하는 자세로 묵상할 때 일어나는 삶 속의 은총입니다. 사실 우리가 살아가야 하는 삶들이 평탄하고 분홍빛 아름다움과 행복만은 아니기에 우리가 기도를 필요로 하는 순간은 혼자 힘으로는 어찌할 수 없는 어떤 운명의 힘, 절대자의 힘을 느끼게 되는 순간에 나타나는 인간의 본능입니다. 인류가 존재하는 한, 비참하고 절망적이며 불행한 자신의 삶 속에서 벗어나고자 무언가를 찾고 구하고 또 위로받고자 '기도'라는 행위를 통해 하느님의 도우심 즉 은총을 구하는 것입니다. 하지만 하느님으로부터 받는 우리의 은총은 갑자기 터지는 대박 같은 사건이 아니라 우리 각자가 자신의 삶을 건전하고 올바르게 살아가기 위해 필요한 재능, 힘, 능력, 노력을 성실히 겸손되이 행하는 가운데 나타납니다. 어떤 세속적인 출세나 벼락부자를 바라는 요술 방망이가 아니라 나 자신의 부족함과 유혹에 약한 의지, 어리석음 등을 인정하고 하느님과의 관계를 올바르게 가져서 내 삶의 중심으로 하느님을 모시며 내 뜻이 아니라 그분의 뜻에 합당하게 살아가려는 의지에서부터 시작이 아닐까? 라고 생각해 봅니다.

하느님께서 주시는 기도의 응답은 우리가 생각하고 바라는 것이 아니라 모든 것을 주관하시는 하느님 보시기에 지금 이 순간 가장 절실한 것을 먼저 주시기에 때로는 우리의 계산과 맞지 않아 실망하고 원망하기도 하지만 이 또한 지나보면 모두가 은총이였음을 깨닫습니다. 묵주기도에 대한 이 실수가 여태껏 타성에 젖어 건성으로 드리는 묵주기도에 대한 나의 태만과 어리석음에 대한 경각심을 불러일으키게 한 것 또한 커다란 은총은 아닌지요.

지금 이 순간 하느님께서 여러분에게
"네 소원이 무엇이냐?" 고 물으신다면….

 작은 소원 하나   2015.1.8.

　　오늘은 날씨가 참 좋습니다. 한동안은 바람도 많이 불고 궂은 비도 자주 내려 마음이 스산하고 심란해서 일들이 손에 잘 잡히지도 않고 뒤숭숭한 날들이 허다했었는데, 활기차게 꿈틀거리는 뜨거운 태양 빛을 오랜만에 봅니다. 역시 사람은 주위 날씨의 영향에 민감할 수밖에 없나 봅니다. 짙은 무더위에 지쳐 나무 끝에 매달린 초록 잎들이 생기를 잃고 시들시들하니 축 처져 있었는데, 햇볕이 좋으니 내 마음도 반짝반짝 빛나 저절로 콧노래가 나옵니다. 비록 이마와 코끝에 땀방울이 맺혀도 좋네요.

　　요즈음 들어 남편과 거의 매일 골프를 칩니다. 휴가철이어서 가게가 비교적 조용한 탓도 있지만, 이곳 겨울은 너무 습하고 바람이 많아 깊게 파고드는 추위가 골프장으로 향하는 발걸음을 막아버리기도 합니다. 남들은 휴가라고 다들 어디론가 떠나기도 하지만, 이번 여름은 별다른 계획이 없어서 그냥 집에서 보내기로 했습니다. 오늘도 바람은 간간이 불지만, 날씨가 좋으니 습관처럼 또 골프장으로 향합니다.

　　올해는 정말이지 뭔가 좋은 일들이 많이 생길 것 같습니다. 언제나 마음 한구석에서 꼭 하고 싶었던 일이 드디어 이루어졌습니다. 날씨 좋은 어느 여름날, 남편과 18홀을 시간에 쫓김 없이 느긋하게 이런저런 이야기를 나누며 라운딩하고 따끈한 물로 샤워하고 골프장 카페의 발코니에 앉아 이슬이 송골송골 맺힌 시원한 생맥주 한잔과 방금 튀긴 감자칩을 먹으며 맑고 푸른 하늘과 하얀 구름을 봅니다. 그리고 가끔씩 공이 나무 밑으로 들어가 투덜거리며 궁시렁거리지만 그 풍성한 커다란 나무 그늘의 고마움을 느낍니다. 다른 이들이 하는 라운딩을 곁에서 볼 수 있는 여유로움이 모두가 내가 소원하던 한 폭의 그림 같은 정겨운 장면들입니다. 마음속으로 밀물처럼 싸악 밀려오는 행복감에 가슴이 떨려 그저 감사하는 마음입니다.

집으로 돌아와 휴가 중인 막내에게 "오늘, 엄마 소원 하나 이루어졌다!"라고 말하니, 막내가 묻습니다. "그 소원이 뭐예요?" 내가 "아빠랑 느긋하게 골프 치고…" 내 얘기를 듣더니 막내가 큰소리로 웃으며 "엄마, 그게 무슨 소원이예요! 그냥 아무 때나 할 수 있는 일을…" 이라고 말하는 겁니다. '막내는 알려나? 너희들 때문에 미루어진 많은 소원들을…' 물론 마음만 먹으면 언제든 할 수 있는 아주 작은 일이었지만, 아이들 셋 키우며 치다꺼리하고, 일하고, 언제나 시간에 쫓겨 종종거리며 살아왔기에 마음의 여유가 없었나 봅니다. 막내의 말대로 다른 사람이 보기에 별스럽지 않은 이 일이 나에게는 꼭 하고 싶은 일이었습니다.

대부분 사람은 그렇고 그런 밋밋한 일상이 매일 다람쥐 쳇바퀴 도는 지루한 날들이 지겹다고 투덜대기도 하지만, 이런 날들이 죽음을 목전에 둔 사람에게는 가슴 저리도록 간절히 원하는 하루일 수도 있습니다. 우리가 지금 가진 것들, 누리고 있는 것들은 너무나 당연하고, 우리가 지금 가지지 못한 것들, 누리지 못하는 것에만 마음을 두지는 않고 살았는지 뒤돌아보게 됩니다. 어차피 인생의 8할은 우리 마음대로 되지 않는 것이 너무나 당연한 일이고 2할 정도가 우리 마음먹은 대로 되는 것이라면, 그 2할에 마음을 두고 '오늘도 감사합니다'를 되새기며 산다면 새롭게 또다시 선물 받은 이 한 해가 얼마나 은총이 가득한 아름다운 날들이 될까? 생각해 봅니다.

작은 소원 하나에 너무도 큰 얻음입니다.

 **착잡한 심정**　　　　　　　　　　　　　　　　　　2013.9.1.

　　오늘은 성당 미사 중에 있었던 조금은 우울한 이야기를 하렵니다. 나는 주일에는 7시 30분에 있는 새벽미사를 즐겨갑니다. 차분하게 앉아 지나온 한 주를 정리하고 반성도 하면서 또 앞으로 맞이할 새로운 한 주를 계획하기도 하기 때문입니다. 성당 안의 고요한 침묵을 좋아해서 늘 새벽미사를 갑니다. 하지만 오늘은 성체 봉사가 있는 날이어서 9시 30분 미사에 갈 수밖에 없었습니다. 그리고 오늘은 St. Jame's school Father's Day 행사까지 겹쳐서인지 평상시와는 달리 조그마한 아이들로 성당 안이 북적였습니다. 조금 시끌벅적하기도 하였지만 오랜만에 듣는 아이들의 해맑은 웃음소리와 종달새처럼 떠들어대는 소리가 마음을 무척이나 명랑하게 하는 아침이었습니다.

　　오늘 내가 맡은 성체봉사는 미사 중 성체(밀떡)나 포도주를 나눠주는 일인데, 오늘은 신부님을 도와 성체를 나누어주는 일입니다. 신부님과 나 그리고 다른 한 분, 이렇게 세 사람이 줄을 나눠서 각기 성체를 분배합니다. 그때에 낯이 많이 익은 어느 중년의 자매님 한 분이 미사 중에 많이 울었는지 아직도 눈물자국이 마르지도 않은 채로 성체를 받아 모시기 위해 내 앞에 섰습니다. 정성스레 그분의 손바닥 위로 성체를 놓아드리고서는 돌아서 가는 그분 뒤로 운 이유는 모르지만, 나도 모르게 그냥 마음이 아파서 조그맣게 기도드렸습니다. '주님, 저분의 아픔을 당신의 그 크신 사랑의 손길로 치유해주소서.'

내가 맡은 줄의 성체를 다 분배하고 주위를 둘러보니 신부님의 줄에 한 30~40명 정도가 기다랗게 밀려있었습니다. 도와드려야겠다는 생각으로 얼른 신부님 옆에 섰습니다. 성체를 나눠주는 줄이 하나 더 늘어났건만, 줄을 서서 기다리는 사람들은 내게 오지 않고 여전히 신부님께서 성체를 주시기만을 기다리고 있었습니다. 기껏해야 그 많은 사람 중에 아이들 서너 명하고 아시아인 몇 명만이 나에게로 다가와 성체를 모십니다. 기다리고 있는 줄은 대부분이 나이가 많으신 노인분들이었습니다. 한참을 멀뚱거리며 서 있다가 그냥 성체를 다시 제자리에 갖다 놓았습니다.

그 일이 있은 이후 미사 내내 내 머릿속이 너무나 혼란스러웠습니다. 줄을 서 있던 그 노인들이 왜 내게로 와서 성체를 모시지 않았을까? 왜? 한참 만에야 어지럽던 내 머릿속에 두 가지의 결론이 떠올랐습니다. 하나는 인종 차별과 옹졸한 고집입니다. 사랑을 제일로 내세우는 종교집단인 가톨릭이라고 할지라도 노인들 눈에 비친 나는, 바쁘신 신부님을 도와주는 대리인으로서 성체를 나눠주는 사람이 아니라, 비록 예수님의 몸인 성체일지라도 아시아인 여자를 통해서는 모시고 싶지 않은 그런 옹졸한 고집입니다. 오랜 세월 자신만의 독선적이고 고집적인 삶의 방식을 고수하는 분들에게서 예전 같지는 않지만 친절한 웃음 뒤에 보이던 그 차가운 또 다른 웃음, 그런 쓸쓸한 인상을 느낄 수 있었습니다. 그리고 또 하나는 자기들과 같은 평범한 사람에게서 받아 모시는 성체보다 신부님께 받아 모시는 성체가 더욱 거룩하고 은총스럽게 느껴지기 때문은 아닐는지…. 좀 더 가까이에서 하느님의 손길을 느끼고 싶은 그런 간절한 소망 같은 것은 아닐까? 하고 생각해봤습니다.

오늘 일을 겪으면서 어느 시대, 어느 곳에나 있을듯한 드러나는 겉모습이나 현상에만 집착해 진실한 면을 놓치고 마는 그런 율법학자나 바리사이파들이 떠오르는 것은 왜일까? 하느님이 정해놓으신 율법이나 성경 구절에만 붙잡혀 그 이면에 숨겨진 보석같이 빛나는 큰 사랑은 보지 못하는 어리석음입니다. 남을 도와주어라, 서로 사랑하여라 등 하느님의 계명을 말하고 왜 도와주어야 하는지, 왜 서로 사랑해야 하는지는 성서적으로 누구보다도 잘 알면서 정작 자신들은 남을 도와주지도 않고, 서로 사랑을 나누는 삶을 살지도 않으며 사랑을 말하면서 주위 이웃들을 사랑으로 이끌지도 못하는 사람입니다. 이러한 사람들이 하는 모든 말들은 위선과 폭력을 내재하고 있습니다. 또한 이러한 사람들은 사랑의 이름으로 종교의 이름으로 신의 이름으로 위선과 폭력을 정당화시키며 이 세상에 유식한 언어와 학문적 지식으로 눈이 가려져 작고 초라하고 보잘것없는 우리 이웃의 모습으로 다가오시는 하느님과 진정한 하느님의 나라를 보지 못할 것입니다.

하느님에 대해서 하느님 나라에 대한 지식을 아무리 많이 안다고 한들, 사랑이 없으면 이러한 것들이 무슨 소용이 있을까요…

고해소에서

조그마한 고해소에 신부님과 단둘이 마주 앉으면
당신과 마주 앉은 것 같아 왠지 모를 두려움이 밀려옵니다.

아무도 모르게 가슴속 깊이 숨겨 둔 죄들
하나씩 하나씩 당신 앞에 꺼내 놓을 때마다

속절없는 후회와 부끄러움으로
당신 눈길 닿지 않는 곳으로
꼭꼭 숨고만 싶어집니다.

사랑의 하느님, 늘 반복되는 일상의 죄에서
허우적대는 저를 용서해 주세요.

신부님의 나지막한 사죄경에 당신의 용서하심을 믿으며
제 마음은 위로를 받습니다.

다시는 똑같은 죄 짓지 않으리라 결심하며
나는 희망의 사람이 됩니다.

기도는 힘이 드네

언제나
기도는 힘이 드네.
하면 할수록
온갖 유혹들
기도 속에 춤을 추고.

언제나
기도는 힘이 드네.
어떤 말로
어떻게 해야
하늘에 가 닿을지.

세월의 무게만큼
기도의 말은 적어지고
조용히 눈 감고
깊은 침묵으로 기도하네.

십자가를 바라보며

나는 오늘도 고요한 침묵 중에
십자가상에 매달리신 당신을 가슴 저리게 바라봅니다.
우리를 너무도 사랑하셔서 당신의 전 존재를 다 내어 주신 분.
나는 당신께 아무것도 드릴 것이 없는 초라한 가난뱅이입니다.
당신께서 몸소 보여주신
그 작은 사랑의 몸짓조차도 따라 하지 못하는 못난이입니다.

언제나 나의 마음 밭에는 유혹의 씨앗들이 물결쳐 넘쳐납니다.
낮아지는 대신 더 높아지고 싶고
비우기보다는 더 많이 채우고 싶고
나누기보다는 내 것을 더 챙기고 싶고
당신의 이름보다는 나의 이름이 더 빛나고 싶고
끝없이 끝없이 자라나는 이 욕심들을 어떻게 해야 하나요?

십자가상에 매달리신 당신을 바라보며
매일매일 하루에 한가지씩만이라도 당신을 닮아
나의 삶이 사랑이고 싶습니다.

내가 만나는 이들에게 부드러운 미소를 선물하고 싶고
고통받고 힘들어하는 이들에게는
따뜻한 위로의 말을 건네고 싶고
어려운 이웃들에게는 친절함으로 다가가고 싶고
당신을 향한 나의 사랑이 깊어지면 깊어질수록
당신께 드릴 것 하나 없는 내 보랏빛 마음은
늘 부족하고 안타까운 목마름입니다.

당신이 몸소 하나하나 보여주신 그 아름다운 사랑의 계명을
가슴에 깊이 담고 살 수 있기를 도와주소서.

저 비록 가진 것 없는 나약하고 보잘것없지만,
이 세상 끝나는 날
살갗마다 배인 아픔과 상처투성이로 얼룩진 제 작은 삶을
그대로 당신께 봉헌하고 싶습니다.

십자가상을 바라보며
오늘도 제게 주어진 매일의 삶 속에
당신과 하나 되는 축제의 날이 되게 하소서.

말씀

마음에서 넘치는 것을
입으로 말하는 법이다.

주님,
이 한 말씀이
오늘 저를 너무도 초라하게 합니다.

저의 마음속에 담겨 있던
아직 내뱉지 못한
많은 말의 씨앗들을 들추어 봅니다.

미움과 증오의 씨앗,
시기와 질투의 씨앗,
원망과 불평의 씨앗,
허영과 교만의 씨앗,
그리고,
부끄럽고 너무도 절망스러운
저의 모습입니다.

주님,
언제나 먼저 사랑의 손길로
저의 허물과 부족함을
용서해 주시는 당신 앞에
참회와 감사함을 안은 채
조용히 무릎 꿇고
부끄러운 두 손을 모읍니다.

마음에서 넘치는 것을
입으로 말하는 법이다.

이 한 말씀
가만히 가슴에 담고
당신이 가꾸시는 저의 마음 밭에
향기로운 한송이 꽃으로 피워
당신께 바칩니다.

제 입술에 머무는
가장 아름다운 기도가 되게 하소서.

성호를 긋는다는 건

내 몸에
성호를 긋는다는 건
당신의 온유함을
가슴 깊이 새긴다는 것

내 몸에
성호를 긋는다는 건
당신의 겸손함을
가슴 깊이 새긴다는 것

내 몸에
성호를 긋는다는 건
당신의 사랑을
가슴 깊이 새긴다는 것

나의 어리석음이
당신을 닮아 지혜로움으로
나의 작은 마음이
당신을 닮아 큰마음으로
사랑의 사람으로

오늘도
온 정성을 바쳐
내 몸에 성호를 그으며
당신께 기도합니다.

성경을 펴면

이 세상 살다 보면
사람 사는 일에 막혀
가슴이 답답할 때
성경을 펴면,
한 줄기 바람 같은
생명의 말씀이
나를 일으켜 세웁니다.

이 세상 살다 보면
자잘한 근심에
내 마음 어두워질 때
성경을 펴면,
한 줄기 빛으로
다가오는 희망이
나를 일으켜 세웁니다.

이 세상 살다 보면
오해와 무관심으로
내 마음 시들어갈 때
성경을 펴면,
한 줄기 생명수처럼
나를 적시는 사랑이
나를 일으켜 세웁니다.

성경 안에는
이 세상 살아가는
모든 길이
영원으로 이어지는
생명의 말씀이 있습니다.

선물 같은 오늘도
성경 안에서
하루를 살아갈
힘과 용기와 지혜를 청하며
하루를 당신 안에서 시작합니다.

대림환

둥근 대림환을 보며
시작도 끝도 없는
영원한 당신을 봅니다.

푸르른 대림환을 보며
선물 받은 은총의 생명
당신 안에 머무르며
영원한 생명을 기다립니다.

네 개의 대림초를 보며
세상의 모든 곳 온 누리에
어둠 속 빛이 되어 오시는
당신을 봅니다.

촛불이 하나씩 켜질 때마다
우리가 가야 할 순례길
빛으로 먼저 인도하시는 당신 사랑에
나는 희망의 사람이 됩니다.

재의 수요일

흙에서 왔으니, 흙으로 돌아갈 것을 기억하라.

사순시기 첫머리에 이마에 재로 성호 그으며
이 깊은 의미를 되새기는 날이 되게 하소서.

고독한 삶의 순례길에서 당신을 향한 열망과 사랑으로
나를 불태우며 한 줌의 재로 남게 하소서.

이마에 재로 성호 그으며 내 안의 모든 욕망과 탐욕들
남김없이 불살라 한 줌의 재로 남게 하소서.

당신이 맨 처음 빚으신 본래의 순수함으로
희생과 보속을 가득 드리는 그런 날들 되게 하소서.

순간에서 영원으로 이어지는 새 생명의 탄생이라는
빛나는 당신의 부활로 은총 가득한 축복의 날이 되게 하소서.

사순

꽃 한송이 꽂혀있지 않은
텅 빈 제대 위에
보랏빛 침묵만이
소리없이 흐르네.

언제나
조그마한 감실 속에서
붉은 빛으로 나를 맞으시던
당신의 빈 자리.

너무나도 깊이
우리를 사랑하신 당신
어리석은 우리는
십자가 위에 당신을 못 박았네.

당신의 고통과 죽음을
깊이깊이 묵상하며
흘러넘치는 당신의
그 크신 사랑 앞에 목이 메입니다.

주님
용서하소서.

부활

부활.
이 한마디 가슴에 담으면
진한 박하 향기가
온몸에 스며드네.

부활.
이 한마디 가슴에 담으면
당신의 구원과 축복으로
온몸이 떨려 오네.

어둠에서 빛으로
죽음에서 생명으로
오시는 당신을 기다리라고
나를 흔들어 깨우는 당신.

우리들 마음에
사랑의 불을 놓아
순백의 마음으로
영원한 빛의 축제로 초대하시는 당신.

세상의 어둠과 분열 속에서도
찬란한 빛을 내는
부활의 기쁨과 희망으로
나를 내어놓는 삶을 살라는 당신.

세상의 변화를 일으키는
당신의 작은 도구로
미천한 이 종을 쓰소서.

알렐루야, 알렐루야.

하느님을 만날 때

어디선가 불어온 바람에
툭 떨어지는 모자에서.

얼굴을 스치는
차가운 강바람에서.

여름밤 반짝이는
밤하늘 밑에서 우는
귀뚜라미 소리에서.

비 온 뒤의 무지개와
갓 태어난 아기의
맨 처음 울음소리에서.

장엄한 일몰의
마지막 빛과
장엄한 삶의
마지막 숨결에서.

존재하는
모든 것 속에
계시는 하느님
모든 것 속에서.

지금 순간들이
하느님과 함께
황홀한 기쁨으로
영혼을 뛰게 하소서.

평화의 인사

당신도
나도
늘 같은 자리
모두 영원하리라 믿으며

생각없이
습관처럼
주위 사람들과
덤덤히 평화의 인사를 나눕니다.

어느 날
갑자기
당신이 흔적도 없이 사라진다면.

오늘 내가 나눈
평화의 인사가
당신과 나누는 우리 생애
마지막 평화의 인사라면.

온 정성과 마음 모아
내 따뜻한 사랑 전하고자
당신 두 손 꼭 잡고
평화의 인사를 나눕니다

Peace be with you.

어디서나 주님을 뵐 수 있고

화창한 날
오랜만에 설레는 마음으로
집안일을 하네.

프라이팬 안
익어가는 계란에도
주님을 뵐 수 있고

창틀 위 먼지 속에도
조용히 앉아 계시는
주님을 뵐 수 있고

엎드려 바닥 닦는
걸레 위에도
주님을 뵐 수 있고

모든 집안일 후
뽀독뽀독 씻어내는
내 손안 비누 거품 속에도
주님을 뵐 수 있고

삶 속
모든 순간
모든 움직임에서도
주님을 뵐 수 있네.

아~
이 얼마나 놀라운 기적인가?
이 얼마나 놀라운 은총인가?

주님,
찬미 받으소서.

고마운 사람

매일 아침
울리는 경쾌한 카톡 소리
성경 말씀과 함께 하루를.
잠든 영혼을 깨우는 알람.

예쁜 약통 속 알약들이
내 몸을 지켜주듯
내 마음을 성령으로 적셔주는
고마운 사람.

하느님을
더 많이 알고 싶고
더 많이 사랑하고 싶고
더 많이 닮고 싶도록
열정을 불어 넣어주는
고마운 사람.

성경 말씀으로
세상을 바라보니
온 세상이 은총이고 기적이네.

이토록 고마운 사람
무엇으로 보답해야 할까?

성경 말씀이
내 안에 살아 움직일 수 있도록
더 열심히
더 성실히 살아야겠네.

음식 이야기

#음식은 기의 흐름이다 #나만의 자연식단 연구소
#한잔의 커피 #단식의 가르침
#야채스프의 효능 #수제비 #김밥 한 줄

 **음식은 기의 흐름이다** 2012.12.3.

　　요리를 전문적으로 시작한 지가 벌써 수십 년이 흘렀네요. 학교에서 배우고 또 내가 연구하고 학생들에게 강의하고 음식들을 만들면서 살아온 세월이 벌써 이렇게 지나갔네요.

　　아마 처음으로 만든 음식이 중학교 2학년 가사실습 시간에 배운 '카나페'였을 겁니다. 먹기 좋게 자른 식빵 위에 여러 토핑을 얹어서 먹는 핑거푸드. 무언가 새로운 것을 배울 때마다 바로 집에 가서 식구들에게 해 주고는 '맛있다!'라는 말을 연발하며 맛나게 먹어주는 모습에 가슴이 뿌듯했던 풋풋한 시절이 생각납니다. 처음 정식으로 요리라는 것을 시작하면서는 '맛있다', '맛없다'에 굉장히 신경을 많이 썼습니다. '어떻게 하면 더 맛있을까?' 온통 그 생각만 하고는 수없이 많은 요리책을 보며 이리저리 만들어 보고는 했었지요. 그러한 시간이 흐르고 난 뒤에는 이제는 '어떻게 하면 좀 더 예쁘게 만들 수 있을까?' 하는 생각으로 재료를 선택할 때도 색깔에 신경을 써서 고르고 양념도 그리고 식기도 고민하게 되었습니다. 예쁘게 좀 더 예쁘게 만들어서 식탁에 음식을 차려 놓으면 시집 식구나 남편 친구들, 회사직원들이 '우와!'하는 환호 소리에 모든 수고로움을 잊곤 했지요.

　　차츰 시간이 흐르면서는 이제는 음식의 영양에 대해 관심을 두게 되었습니다. '어떻게 하면 재료들이 가진 영양소들을 파괴하지 않고 조화를 이루어 낼 수 있을까?' 이것과 저것은 서로의 영양소를 파괴하니 빼고, 이것을 더 첨가하여 영양소의 흡수율을 높이고 그러면서 참 많은 나라의 요리책들과 영양학에 관한 책을 엄청 읽었던 열정의 시간이었습니다.

그렇게 쌓이고 쌓인 시간과 경험 속에서
차츰 깨달아가는 사실은 음식을 만들 때
맛보다, 데코레이션보다, 영양보다도 더욱더 중요한 것은
'기'의 흐름이었습니다.

눈에 보이지 않게 흐르는 몸속의 기들을 음식들이 부족한 것은 채워주고 넘치는 것들은 상쇄시켜 주는 놀라운 사실의 발견이었습니다.

실험대상이 없었기에 내 몸과 남편의 몸이 마루타가 된 지도 한 4~5년이 되었네요. 그동안 이래저래 몸에 혹사를 당하기도 하고 호강도 하면서 묵묵히 응해준 남편 마루타(?)에게 감사한 마음을 전합니다.

나만의 자연식단 연구소

요리의 경력이 쌓이면서 얻은 것이 있습니다.

'**깨끗함**'-인공 조미료나 방부제 등 첨가물들이 포함되지 않은 음식, '**담백함**'-너무 맵고 짜지 않는 자극적이지 않은 음식, '**여법함**'-양념의 순서를 말하는 것으로 단것, 짠것, 식초, 장류 순으로 양념을 해야 하며 골고루 적당하게 들어간 절제된 음식. 그래서 영양을 골고루 포함하면서 재료가 가진 하나하나의 독특한 맛과 성질들을 살려준 음식들이 내 몸에 들어가 나를 이룬다는 사실입니다.

내 생각과 내 말과 내 행동을 이루는 것이지요. 거친 음식에서는 거친 마음이 나오고, 맑은 음식에서는 맑은 마음이 나오는 그러한 이치랍니다. 그러니 어떻게 함부로 아무 음식이나 먹을 수 있는지요? 우리가 먹는 음식이 문제가 되는 것은 한두 번 먹고 마는 것이 아니라 매일매일 그것도 수십 년씩이나 먹으므로 그러한 것들이 반복되는 동안에 식습관으로 굳어버리고 좋아하는 음식들로 변해버리는 것이지요. 어리고 젊었을 때는 몸속의 자정 능력이 뛰어나서 웬만한 나쁜 음식 속의 독소들, 즉 화학약품 등이 첨가된 방부제나 인공감미료, 색소 등을 정화하지만, 세월이 흐르고 나이가 듦에 따라서 몸의 모든 기능이 저하되면서부터는 자정능력에 부하가 걸리면서 적신호들이 오게 되면 질병으로 나타나게 됩니다. 몸에 병이 생기고 나서 고치려면 건강할 때 조금 주의하는 것보다 몇 배의 노력과 고통이 따르는 것이지요. 또 완전히 낫는다는 보장도 없습니다. 아프기 전, 즉 건강할 때 조금만 내가 좋아하는 음식을 절제하고 가끔은 멀리도 해보고, 또 좋아하지 않는 음식을 자주 먹어보기도 하는 그런 노력들이 필요하기도 합니다.

여러 매체를 통해서 좀 좋다고 알려진 음식들을 하나하나씩 시도해 모두 만들어 먹어보며 많은 실패와 시행착오도 겪으면서 서서히 자리 잡은 나만의 자연 식단이 생겼답니다. 음식을 하나하나의 부분으로 보지 않고 전체적으로 보게 되면서부터 남편의 몸과 내 몸이 바뀌는 놀라운 체험을 하면서 내 삶의 원칙이 하나 또 생겼답니다. '음식을 대할 때도 깨어있자!'입니다. 그리고 음식에 대한 욕심도 버리게 되고 고정된 기호 음식도 없어지고 내가 음식에 이리저리 끌려다니는 것이 아니라 내가 먹을 음식을 선택하고 조절할 수 있는 능력이 생기게 되었습니다.

이 얼마나 놀라운 일인지요. 참 작은 것에서 시작한 시도들이 이런 엄청난 결과들을 가져왔답니다. 모든 기적은 우리 일상의 아주 작은 것에서부터 시작된다는 이 놀라운 사실! 참으로 큰 깨달음이었답니다. 아직도 부족한 부분이 많아서 공부할 것이 많지만, 때때로 힘들고 어려운 부분도 많아서 그만두고 싶은 마음이 가끔 생기기도 하지만, '나만의 자연식단 연구소'가 생기는 날까지 멈추지 않고 계속해 나아가야겠지요. 이렇게 꿈들은 하나둘씩 이루어지는 것인가 봅니다.

 ## 한잔의 커피 2013.1.19.

　올해 들어서 참으로 오래간만에 여유롭게 커피 한잔 마실 수 있는 호젓한 시간이 생겼습니다. 카페의 넓은 창을 통해 바라본 하늘은 눈이 시리도록 푸르디푸르고 어릴 적 언니랑 같이 사 먹던 하얀 솜사탕 같은 구름은 뭉실뭉실 생겼다가 흩어지고 또다시 생깁니다. '아, 행복하다!'라는 말이 저절로 흘러나오는 정말 한가한 아침입니다.

　오늘은 커피 이야기를 하려고 합니다. 전에는 커피를 주문할 때 우유가 듬뿍 들어가서 부드러운 맛의 카프치노나 플랫화이트를 즐겨 시키고는 했었는데, 최근 들어 젊을 때부터 에스프레소를 즐겨 마시는 커피마니아 남편이 권해 준 롱블랙을 마시고는 눈이 번쩍 뜨일 만큼의 새로운 경험을 했습니다. 좋은 원두를 너무 타지 않게 정성스레 잘 볶아서 신선하게 뽑아낸 '한잔의 커피!' 커피의 진정한 본래의 맛을 느낄 수 있는, 어떠한 가공된 첨가물이 섞이지 않은 그 커피만이 지닌 순수한 본래의 맛을 느낄 수 있는, 갓 뽑아낸 커피 위의 얇은 막 같은 거품과 향기와 커피를 마신 뒤의 여운까지 남습니다. 그리고 문득 '사람을 이런 커피와 같이 생각해보면 어떨까?' 하는 생각이 듭니다.

　인간은 사회적 동물인지라 우리는 사람들과 더불어 살아가면서 매일매일 자의든 타의든 많은 사람을 만납니다. 때로는 무리 지어 여럿이 같이 만나기도 하고 때로는 단둘만 만나기도 합니다. 우리가 여러 사람을 한꺼번에 만나는 것은 커피와 다른 먹거리를 같이 먹음으로 인해서 아무리 좋은 커피도 그 본래의 맛을 느낄 수 없듯이, 만나는 사람들의 말을 정성을 다하여 귀 기울여 듣지 않고 그냥 건성건성 대한다면 빈 울림 가득한 소음과 같은 지껄임으로 끝나고 마는 만남일 수도 있고, 커피에 설탕이나 우유, 시럽 같은 것이 들어가는 것처럼 비록 단둘이 만나더라도 만나는 사람의 돈, 명예, 지위 같은 사회적 조건을 두고 만나는 것은 이익이 개입된 순수하지 못한 계산된 만남일 수도 있습니다. 그저 아무런 수식어가 붙지 않은 채 한 인간과 한 인간으로서 순수하게 있는 그대로 만나는 것은 그 사람의 인간으로서의 겉과 속이 그대로 드러나는 아무것도 첨가되지 않은 커피의 순수함과 같지 않을까 생각해 봅니다. 이러한 사람과의 만남은 많은 말도 필요하지 않고 만남의 횟수도 중요하지 않습니다. 모든 시간과 공간을 초월한 영혼의 울림과 같은 마주침을 느낍니다.

그럼 나는 어떤 맛을 지닌 커피에 속하는 사람일까?

인공적인 것이 아무것도 첨가되지 않은 그런 순수한 본래의 맛을 지닌 '롱블랙 같은 사람'이면 하고 욕심을 내어 봅니다. 나를 만나는 사람들이 좋은 커피를 마시고 나서 입안 가득 남겨지는 은은한 커피의 향기로 인해 하루 내내 행복할 수 있는 여운을 지닐 수 있었으면 좋겠습니다. 정말 새해에는 군더더기 없는 순수함으로 내가 만나는 모든 사람에게 따스한 아름다움을 전할 수 있게 되기를 노력해 보렵니다. 오늘은 문득 커피를 마시다가 커피 보살님이 나를 깨우쳐 주었네요.

 단식의 가르침   2013.3.4.

　　올여름은 계획했던 일을 하나도 하지 못하고 정신없이 보내버렸습니다. 한국에서 온 꼬마 손님들이 워낙 전형적인 한국인 입맛들인지라 매일매일 밥과 궁색한 재료로 반찬을 해대기 급급했습니다. 물론 여기서 쉬이 먹을 수 있는 햄버거나 피자로 대신하는 꾀도 내었지만 역시 한국적인 맛에 길들어진 꼬마들은 자기 입맛만을 고집합니다. 이렇게 모든 음식을 꼬마 손님들에 맞추고 원래 우리가 먹던 음식에는 크게 벗어나지 않으려고 무던히 신경은 썼지만, 역부족이었던지 한 달 넘게 조금씩 먹은 음식들로 인해 내 몸이 둔해지고 탁해졌음을 느낄 수 있었습니다.

　　그래서 미루고 미뤘던 '몸 세탁'을 하기로 했습니다. 보통은 일 년에 한두 번 정도로 3일 단식을 하는데, 이번에는 아이들도 없어서 5일간의 단식에 도전했습니다. 첫 하루는 절식 기간으로 모든 음식을 평상시의 절반으로 줄이는 기간입니다. 이 하루가 지나면 바로 본 단식으로 들어갑니다. 사이사이 공복감이 밀려올 때마다 물을 마십니다. 나는 일도 해야 하므로 우유는 마시기로 했습니다. 단식이 하루, 이틀, 사흘이 지나면 또 다른 하루는 부드러운 음식으로 시작해서 조금씩 원래의 음식으로 돌아가는 보식기간입니다. 단식 첫째 날 저녁 무렵부터는 자꾸만 먹는 생각에, 온갖 음식들 이름에 쉬이 잠도 오지 않아 아예 유튜브에서 음식 채널을 찾아서 먹고 싶은 음식들과 생각나는 음식들을 모두 끌어내어 시각 만찬을 해버렸습니다. 그러자 '먹고 싶다'라는 욕구가 서서히 사라져버렸습니다. 그러나 단식 둘째 날에는 어릴 적 기억 속에 숨어있던 우리 엄마표 음식들이 날 힘들게 했습니다. 빙글빙글 돌며 잠자고 있던 내 기억 속의 음식들이 나를 유혹했습니다. 그중에서도 엄마가 해준 시래깃국이 제일 먹고 싶었습니다. 이럴 때는 방법이 없습니다. 가만히 일어나 앉아서 눈을 감고 그 기억 속 옛날로 돌아가 엄마가 만들어주시던 그 구수하고 시원한 시래깃국을 엄마와 함께 끓이는 겁니다. 천천히 끓입니다. 그리고 다 끓여지면 엄마랑 둘이서 맛있게 먹는 것이지요. 물론 생각 속에서요. 그러면 모든 것들이 가라앉고 고요해집니다. 점차로 음식에 대한 욕구와 욕망이 사라지면서 내 몸이 가벼워지고 내 마음이 맑아짐을 느낍니다. 마치 작은 민트 조각 하나가 내 입안 가득 퍼지는 그런 상큼함과 신선함이 밀려옵니다.

이제껏 욕심이라는 것이 절제되지 못한 거친 마음에서 일어나는 추상적인 것으로만 알았는데, 내 입으로 인해서 생기는 욕심 또한 얼마나 끔찍할 정도로 많은지 그리고 여기에 얼마나 매달려 살고 있었는지…. 참으로 우매한 나의 모습입니다. 먹는다는 것은 곧 우리의 생명과 직결되어 있으므로 '잘 먹어야 건강하지!' 이 말 속에는 욕심과 무절제함이 숨어있지만, 물론 잘 먹어야 몸도 건강해지는 것이 사실입니다. *잘 먹는다는 것은 내 입에 맛있는 음식이 아니라 내 몸에 좋은 음식을 잘 가려서 먹는다는 것이 아닐까?* 생각해봅니다. 그저 단순하게 우주의 섭리대로, 자연의 이치 속에서 자연스레 베풀어준 먹거리들을 순수한 맛, 가진 그대로의 맛들을 즐기면서 먹으면 되는데, '맛있게 더 맛있게'에 속아 욕심 덩어리로 변해버린 나의 입맛들이 참으로 부끄럽습니다.

이제는 먹는 것으로부터 자유로움을 느낍니다. 물론 먹고 싶다는 생각들은 일어나지만, 더는 그런 생각들에 휘둘리지는 않습니다. 음식을 보다 간소하고 단순하게, 그리고 약간의 허전함을 느끼는 공복감을 즐길 수 있는 여유도 생겼습니다. 이 짧은 기간의 단식으로 많은 것들을 배우며 흩트려지는 나의 음식들에 대한 질서를 바로 세웁니다. 이렇게 자연의 섭리 속에서 베풀어준 먹을 수 있는 인연에 정말 감사합니다.

자연의 섭리 속에서 땀 흘려 일하는 모든 분들에게 정말 감사를 드립니다.

 **야채스프의 효능**　　　　　　　　　　　　　　　　2013.11.27.

　　한차례 비바람이 지나고 난 뒤의 세상은 막 태어난 갓난아기의 속살처럼 여리고 투명한 모습들로 우리에게 다가옵니다. 우리의 마음속에도 가끔 이런 고운 비님이 메마른 우리들의 영혼을 적셔주어 맑은 마음으로 선한 마음으로 살고 싶다고 소원해 봅니다.

　　한동안 다른 일에 정신이 뺏겨 바쁘다는 핑계로 내 입으로 들어가는 음식에 약간 홀대를 해, 그동안 쭉 먹어오던 야채스프를 끓이기가 귀찮아서 미루었더니, 견디다 못한 내 몸이 반란을 일으켜 결국에는 적색등이 켜지며 경고를 보냅니다. 꽃가루 날리는 계절만 되면 연례행사처럼 치르던 꽃가루 알레르기 즉 비염이 슬금슬금 모습을 드러내기 시작합니다. 너무나 참아내기 힘든 고통입니다. 내 경우에는 눈가가 가렵고 귀, 코, 목이 간질간질하고 목이 칼칼한 느낌에 코가 맹맹하니 막히고 콧물에 재채기 등 아주 종합병원입니다.

　　사람이 호흡할 때 들이마신 공기가 코를 통과하는데 걸리는 시간은 약 0.25초인데 공기는 그 짧은 순간 동안 인체에 적합한 온도인 35도로 조절됩니다. 단순히 온도만 맞추는 것이 아니라 지나치게 건조하거나 습한 공기는 폐에 무리가 가기 때문에, 공기 내의 습도를 조절합니다. 공기와 함께 들어오는 이물질을 걸러내는 정화기능 역시, 코의 역할입니다. 이토록 중요한 코에 다양한 식물들로부터 떨어져나온 꽃가루 포자들은 비염을 동반한 꽃가룻병을 일으킵니다. 비염이 발생하면 계속되는 재채기, 맑은 콧물, 코점막이 부어올라 생기는 코막힘을 주증상으로 하는 질환으로 재채기는 코점막에 분포되어있는 지각신경인 삼차신경의 말단이 자극을 받아 그 자극이 미주신경, 설인신경, 안면신경 등을 경유하여 호흡근육과 목 주변의 근육에 전달되어 나타나게 됩니다. 맑은 콧물도 재채기와 같이 신경을 매개로 하는 반응으로 코점막의 지각신경말단이 자극을 받아 뇌에 전달되어 분비신경을 통하여 분비섬이 자극되어 일어나게 됩니다. 코점막에서 알레르기 반응이 일어나면 점막속에 있는 알레르기 세포에서 히스타민이 분비되고 이것이 혈관에 작용하여 혈관이 팽창되고 혈액 중에 수분이 혈관 벽으로 빠져나와 코안이 붓거나 코막힘이 심해집니다. 또한, 코와 가장 밀접한 관계를 갖는 것이 폐입니다. 폐는 오장육부 중에 으뜸으로 폐가 얼마나 건강한가에 따라 폐의 부속기관인 코의 상태도 달라집니다. 폐가 약하고 열이 많으며 신체의 수분대사가 잘되지 않을 경우에 알레르기 비염이 발생합니다.

그러므로 폐의 열을 풀어주고 수분대사를 원활하게 해주고 비염이 있을 때는 기혈순환을 돕고 차가워진 폐를 따뜻하게 해주는 대추차, 생강차, 계피차 등을 마시는 것도 많은 도움이 됩니다. 그리고 특히 폐의 수분대사 조절이 저하되면 호흡기의 면역력과 자가치유능력이 떨어져 외부물질에 대해 과민하게 반응하게 되기도 하는 것입니다. 따라서 봄철에는 심한 일교차로 인해 몸의 면역력이 떨어지고 코점막이 예민해져서 알레르기 비염 증상이 악화되기 쉽습니다.

평소 등산이나 유산소 운동을 통해 심폐 능력을 키우는 것도 면역체계를 튼튼하게 할 수 있는 방법이 되기도 합니다. 가능한 한 생활 속에서 스트레스를 없애고 피로감을 누적시키지 말며, 규칙적인 운동과 맑은 공기의 흡입 그리고 우유, 콩, 달걀 등과 같은 알레르기성 유발 식품, 인스턴트 음식. 기름진 음식, 당분, 밀가루 등의 섭취를 억제하고 칼슘이 풍부하여 점막과 신경기능을 강화시키는 해조류, 생선, 신선한 야채와 과일 등을 충분히 섭취하도록 합니다.

또한, 밤새 쌓인 코안에 고인 분비물이 쉽게 빠져나오게 하기 위해서는 아침에 간단한 맨손체조나 유산소 운동을 하는 것이 좋습니다. 그리고 잠은 부신피질 호르몬과 성장 호르몬의 분비가 원활해져서 몸의 기능이 정상적으로 작동하는 10시 이전에 자도록 노력하고 폐를 차게 하는 차가운 음식이나 음료수 등은 삼가도록 합니다. 이러한 것들은 보편적으로 우리가 알고 있는 비염의 증상을 완화시키거나 예방할 수 있는 것들이고 오랜 시간 동안 거듭되는 실수를 통해서 얻은 나만의 치료법인 음식치유입니다.

오늘날의 사회구조는 어느 때보다도 의식적으로 노력하지 않으면 건강을 지키기가 어렵습니다. 그렇지만 자연스러운 재료를 자연스럽게 요리해 먹는 것만으로도 건강을 챙길 수 있습니다. 건강과 치료의 가장 빠른 지름길을 온몸으로 체험하게 해준 메뉴가 '야채스프'입니다. 음과 양의 조화를 맞추면서 각 재료가 가진 고유의 성질들을 손상시키지 않고 그대로 내 몸 안에서도 작용할 수 있도록 하나하나 세심히 신경써서 선별된 재료(소고기, 호박, 당근, 감자, 고구마, 양배추, 브로콜리 등) 14가지를 각각 적당량을 넣고서 두어 시간 정도 중불에서 곰솥에 뭉근히 끓이면 약간 걸쭉하면서 각 야채의 형태가 조금씩 남아있는 상태가 됩니다. 이걸 식힌 다음 한 끼 분량 포장해서 냉동고에 넣어두고서 하나씩 꺼내서 데워먹습니다. 올리브 오일과 구운 식빵을 곁들어 먹으면 든든한 한 끼 식사가 되는 것이지요. 처음에는 어색한 맛으로 다가와 선뜻 먹기가 약간 이상했지만, 오랜 시간에 걸쳐 먹으니 각 야채가 가진 특유의 향과 식감이 느껴져 맛이 꽤 괜찮게 느껴집니다.

아무리 좋은 음식도 억지로 먹으면 나쁜 피를 불러오는 독이 되기도 하답니다. 이렇게 먹은 지가 한 3년쯤 되었는데, 아플 때면 약에 의존하던 크고 작은 질병들이 소리 없이 사라졌습니다. 그 놀라운 기적 같은 체험을 하고서도 '얼마간은 괜찮겠지' 하면서 잠시 게으름을 피우면 알레르기성 비염이 나를 괴롭히는 첫 번째 손님으로 찾아옵니다. 달고 살던 그 자잘한 질병들을 사라지게 하는 데는 오랜 시간이 걸리는데, 게으름을 피우다 먹지 않으면 이런 질병이 나타나는데는 불과 2주일도 걸리지 않았습니다. 매 순간순간 깨어있어야 하는데 안일함으로 미련해진 나의 게으름을 탓해봅니다.

야채스프는 약간의 고생스러움을 선물한 비염이 다시 한번 내 몸을 이루고 나를 이루는 먹는 음식의 중요성을 일깨워주고 잠깐의 게으름도 엄하게 몸으로 꾸짖어 준 고마운 친구가 되었습니다.

기원전에 이미 먹는 음식의 중요성과 효능을 알고 있었던 의성 히포크라테스는 이런 말을 했습니다.

"음식으로 고칠 수 없는 병은 의사도 고칠 수 없다."

---

* 위 내용은 어느 논문에서 발췌하여 인용하였습니다. 출처를 알 수 없어서 임의로 사용한 것에 대해 사죄를 드리며, 차후에 저작권자를 찾게 되면 논문 제목과 저자를 소개하고 사례하도록 하겠습니다.

수제비

뽀송뽀송한 하얀 가루
폴폴 날리는 밀가루로
오늘은 수제비를 만들어요.

초록 빛깔의 시금치 넣고
내 마음도 넣고 조물조물.

어딘가에 숨어있는
내 그리움도 넣고 조물조물.

수제비 먹을 이들의 지친 마음
보듬어 줄 사랑도 넣고 조물조물.

펄펄 끓는 국물에
하얀빛의 수제비를 뚝 뚝 뜯어 넣어요.
큰 것, 작은 것, 미운 것, 이쁜 것.
내 손으로 빚어지는 모양들이 너무 재미있어요.

하나둘씩 뜯어 넣을 때마다
뭉글뭉글 생겨나는
비눗방울 같은 웃음으로
내 마음은 가벼워져요.

고운 마음과 정성이 담긴
따끈따끈한 수제비 한 그릇으로
모두의 마음이 따뜻해질 수 있는
봄날 같은 하루였으면 좋겠어요.

김밥 한 줄

바다 내음 풍기는
까만 김 위에

갓 지어 식힌
고슬고슬한 밥
살살 펴서 놓고

참기름, 소금으로
조물조물 무친
초록 시금치 놓고

간장, 물엿으로 조린
당근도 넣고
어묵도 넣고

개나리꽃으로
물들인 계란 지단과
아삭아삭한 단무지도 넣고

김발로
지그시 누르며
꼭꼭 싼 김밥 한 줄

봄 소풍 냄새가 난다.
가을 운동회 냄새가 난다.
그리고 또
엄마 냄새가 난다.

여행 이야기

#산을 오르며 #남섬 여행 #가을 속으로 여행

 산을 오르며   2013.3.29.

이번 월요일은 New Plymouth에 있는 타라나키산(Mt. Taranaki)에 갔습니다. 항상 오가는 길에 먼 지평선 위로 산 정상만 조금 얼굴을 내민 모습을 볼 때마다 "꼭 한번 저 산에 가고 싶다!"라고 하며 남편에게 말하고는 했었는데, 그걸 잊지 않고 기억해 두었나 봅니다. 갑자기 "내일은 새벽 일찍 타라나키산에 갈 테니, 트래킹 준비해!"라고 합니다. "오가는 시간도 적지 않을 텐데, 어쩌려고~" 하며 걱정되었지만, 은근히 설레는 마음은 어쩔 수가 없었습니다. 일찍 서두른다고 종종거렸지만, 이것저것 챙기다 보니 조금 늦은 감이 있는 6시에 출발했습니다. 아침은 간단하게 야채스프 한 컵으로 대신하고서는 서둘러 출발했습니다.

4시간 정도 걸리는 장거리지만 가다가 휴게소에서 커피를 한 잔씩 뽑아서 남편과 서로 좋아하는 음악을 들으며 많은 이야기를 나눕니다. 음악 이야기, 책 이야기, 아이들 이야기, 부모님 이야기, 이웃들 이야기 등 우리를 둘러싼 세상 사는 모든 이야기를 합니다. 서로 가지고 있는 생각과 견해를 나누면서 드러내지 않았던 자신들의 색깔을 마음껏 드러냅니다. 가끔은 지지 않으려는 나의 독선적이고 편협한 주장 때문에 남편에게 핀잔도 듣습니다. 하지만 조목조목 잘못된 생각들을 되짚어주는 남편에게 약간은 머쓱하고 무안하기도 하지만, 이내 꼬리를 내리고 잘못을 인정합니다.

이런저런 이야기들을 하다 보니, 벌써 옅은 안개 속에 가려진 신비함과 웅장함을 간직한 타라나키산이 우리 눈앞에 펼쳐졌습니다. "우와~"라는 말밖에 필요 없는 순간입니다. 해발 2797m의 루아페후산(Mt.Ruapehu) 보다는 조금 낮은 해발 2518m의 타라나키산은 깎아지는 절벽 때문에 더 거칠고 더 높아 보입니다. 여름인데도 산 정상부에는 아직 흰 눈이 가득 쌓여있습니다. 산으로 향하는 길목에 들어서자마자 서늘한 기운이 감돕니다. 얼마간을 울창한 숲에서 앞다투어 내뿜는 초록빛 냄새를 흠뻑 들이마셨습니다. 꾹 짜면 초록물이 뚝뚝 떨어질 듯, 내 몸과 마음이 다 초록으로 변해버린 듯했습니다. 일단은 등반코스를 알아보기 위해 카페 입구에 있는 안내소에서 이것저것 물어봅니다. 그런데 안개가 많이 끼어 오늘은 초보자가 산을 오르기에는 무리랍니다. 참 난감합니다. 큰맘 먹고 왔는데 하는 수없이 그냥 가까운 곳을 한번 둘러보기로 마음을 정했습니다. 엄청 아쉬웠지만, 다음을 기약할 수밖에요.

　　수줍게 품을 열어 보이는 산을 한 발씩 내디디며 생각합니다. 이렇게 웅대한 산 앞에 서니 세상 모든 것들을 우리가 편리한 대로 부수고, 고치고, 새로 만들기 좋아하는 인간 위주로 생각하는 안하무인의 인간들이 너무도 초라하고 하찮게 느껴졌습니다. 물론 나 자신까지도 그렇지만요. 남들보다 조금 더 안다고 잘난 척하고 드러내 보이고 싶어하는 그 알량한 마음이, 내 가진 것을 조금도 손해 보지 않으려 열심히 이리저리 머리굴리는 욕심스러운 내 모습, 그리고 어려운 이들, 힘들고 아파하는 이들을 위해 봉사한다면서 정작 나 자신의 만족을 위해 일하는 이기심, 겉으로 드러난 모습으로만 이웃을 평가하고 단정해버리는 나의 천박한 모습을 넓고 넓은 산의 품속에서 지난날의 어리석음을 모두 털어버립니다.

> 산은 있는 그대로의 모습으로
> 묵묵히 나의 모든 것들을 다 받아주면서
> '괜찮다고, 괜찮다고' 나를 꼭 끌어안아 줍니다.

인도 속담에 '나이 마흔이 넘으면 산을 바라볼 나이이다'라는 말이 떠오릅니다. 그 말의 뜻을 이제 알 것도 같습니다. 자연과 사람은 정복하고 정복당해야 하는 종속관계나 주종관계도 아닌 커다란 우주의 질서 속에서 서로 도움을 주고받으며 살아가야만, 아니 어쩌면 자연이라는 커다란 생명체가 없으면 한순간도 살아갈 수 없는 약하디 약한 존재가 인간이 아닐까? 싶습니다. 상처받은 것들을 자연이라는 포근한 모성으로 인해 치유 받으며, 다시 일어설 힘과 용기를 얻을 수 있고 삶을 깊이 바라볼 수 있는 지혜를 얻을 수 있는 곳, 그곳이 바로 산이 있는 곳, 자연의 품이 아닐까 생각해 봅니다.

산에서 내려오면서부터는 올라갈 때보다 더 위험해서 발아래를 조심하면서 내려가야 하므로, 뻣뻣하던 고개가 저절로 숙여짐과 동시에 신중해집니다. '아, 이게 하심(下心)이구나~' 하는 생각이 듭니다. 세상을 살면서도 이렇게 살아야 하는데 왜 그리도 금방 잊어버리는 건망증 환자처럼 사는지 참 답답하고 우매한 내 모습입니다. 오늘은 이처럼 소중하고 귀한 선물을 내게 안겨준 남편과 타라나키산(Mt. Taranaki)에게 감사함을 전합니다. 정말 감사합니다. 모두 모두 넓고 깊은 마음으로 삶을 사랑하며 살기를 빕니다.

 ## 남섬 여행 2014.5.10.

    아직 어두컴컴한 새벽, 부스럭대며 지난 밤에 대충 싸 놓은 짐들을 다시 한번 더 꼼꼼하게 챙기면서 미리 불러 놓은 택시를 기다립니다. 낯설고 물선 머나먼 땅 이곳 뉴질랜드에 정착해 살면서, 뒤 한번 안 돌아보고 숨 가쁘게 살아왔고, 때로는 깊은 어둠 속에서 헤매이던 아픔으로 얼룩진 수많은 날들과 함께 아이 셋을 힘겹게 키우며 먹고 사는 일에 붙잡혀 허둥대며 살아왔습니다. 이 긴 세월 속에 겨우 한숨 돌리며 아이들이 마련해 준 계기로 해서 과감히 가게 문을 닫고 뉴질랜드의 남섬으로 10일간 일정으로 여행을 떠납니다.

    그 큰 남섬을 10일 만에 다 돌아본다는 것은 무리임을 알기에 남섬의 북쪽인 블레넘(Blenheim), 픽턴(Piction), 넬슨(Nelson) 지역과 내륙 깊숙이 위치한 테카포 호수(Lake Tekapo)와 쿡산(Mt. Cook)은 따로 일정을 잡아 다시 오기로 하고, 이번 여행에서는 포기해야만 했습니다. 내가 가장 가보고 싶었던 테카포 호수의 찬란하고 아름다운 별 밤은 상상 속으로 밀어 넣으며 미련과 아쉬움을 간직한 채 접어둡니다. 우선 Christchurch를 시작으로 해서 East Coast쪽으로 Timaru → Oamaru → Dunedin → Invercargill → Te anau → Milford sound → Queenstown → Arrowtown → Lake Wanaka → Hasst → Fox Glacier → Franz Glacier → Harihari → Hokitika → Arthur's Pass

→ Spring field → 그리고 다시 출발점인 Christchurch로 돌아오는 여행 계획입니다.

한곳 한곳을 머물 때마다 얼마나 아름답고 평화로운지 어떻게 표현할 수 없어 마음이 저리던 마음속의 그림들이었습니다. 때로는 영원히 머물고 싶을 만큼 장엄한 한 폭의 풍경화 속에서 반짝이는 눈물로 감동을 대신하고 그 아름다움에 그저 침묵만이 존재하던 시간이었습니다.

북섬은 오목조목하고 아기자기한 귀여운, 곳곳이 인간의 손길로 다듬어진 듯한 느낌을 주는 곳이라면 남섬은 거대함과 웅장함 속에 깃든 뭐라 표현할 수 없는, 감히 초라한 인간의 손길이 닿을 수 없는 아득히 먼 시간 속의 위대함이랄까? 신이 창조하신 태초의 모습을 그대로 간직하고 있는 순결함과 순수함 그리고 단호함이랄까?

거의 하루를 400km 이상씩을 달리는 고단하고 팍팍한 여행이었지만 마음속은 잔잔한 물결이 일렁이는 꿈길 같은 여행이었습니다. 차창 밖의 풍경들이 차를 멈추게 할 정도로 눈길 머무는 곳마다 "아~"하며 긴 탄성과 침묵만이 흐르는 아름다운 풍경화에 매료되어 한참씩이나 넋을 잃고 바라보았습니다. 유명한 관광지들을 빼고는 이래저래 많은 불편함을 느꼈지만, 사람의 손길이 닿지 않았기에 더욱 아름다울 수 있고, 있는 그대로의 자연의 순수함을 한아름 선물 받을 수 있었기에 그저 모든 것에 감사할 뿐입니다.

이번의 남섬 여행은 초침시계를 옆에 끼고서
　　　허덕이며 살아온 지난 시간을
　　　자연의 넓고 넓은 커다란 품속에서
　　　나를 위로받는 시간이었습니다.

　　또한 앞으로 살아내야 할 내 삶 속에 언제까지나 빛을 잃지 않는 가슴 속 깊이 빛나는 보석상자가 되어 때로는 내 삶의 기쁨이 되고 때로는 감동이 되어 영원히 나와 함께 할 것입니다.

　　'헬레나, 그 먼 길을 힘겹게 걸어오느라 수고했구나. 앞으로 한숨 돌리며 쉬엄쉬엄 살려무나…'

 **가을 속으로 여행** 2015.4.25.

　　언제나 지칠 줄 모르는 듯, 따가운 햇살 속에서도 반짝이던 푸르디푸른 나뭇잎들이 하나둘씩 제 한껏 눈부신 화려함을 펼쳐 보이는 축복 가득한 가을입니다. 풍성하던 가지들도 여름 내내 잔뜩 움켜진 것들을 조금씩 조금씩 땅으로 내려놓습니다. 그 뜨겁던 여름도 물러나고 다시금 넉넉한 품의 가을이 성큼 다가서고, 한 치의 어긋남 없는 자연의 순환법칙 아래에서 우리네 사는 법을 생각해봅니다. 매일매일 소음처럼 그칠 줄 모르게 쏟아내 놓았던 그 많던 내 말의 약속들을 지키지 못한 죄책감과 부끄러움이 이 가을을 무겁게 합니다. 하지만 그래도 슬며시 내 옆으로 다가앉는 햇볕의 고마움을 느끼는 참 좋은 날입니다.

　　요즈음 농부들이 밭을 경작하는 것과 같이 골프장에서도 일년에 두세 번 정도 Aerification(잔디 통기 작업)을 합니다.
　　Aerification 작업*으로 인해 오늘부터 이틀간 골프장이 문을 닫게 됨으로써 뜻하지 않게 참으로 오랜만에 남편과 한가로운 시간을 가지게 되었습니다.

---

* Aerification 작업: Coring(심을 파내는), Solid Tine(구멍만 뚫는) 작업을 말하는데, 이를 함으로써 페어웨이 그린의 습기를 제거하고 잘 마를 수 있도록 도와주며, 이 작업을 통해 잔디에 만연된 가스와 산소를 교체하고 잔디가 죽어서 부패하는 물질인 Thatch(짚)을 남겨 잔디의 질식사를 막고 토양에 공기를 공급하고 무르게 하며 유기물질을 제거하고 잔디의 뿌리가 더 잘 자라게 해주는 작업.

여름 내내 덥다는 이유로 답답하리만큼 정지된 삶을 산 탓에 골프장의 페어웨이 잔디만큼이나 딱딱하게 굳어진 나의 교만함, 위선, 편견 등을 버릴 기회가 생겼습니다. 파란 하늘과 맞닿은 넘실대는 태평양 바다의 거침없는 파도와 탁 트인 시원함으로 지금의 나를 부수고 깨뜨려 모든 것들을 껴안을 수 있을 만큼 부드럽고 순수하며 소박한 참 마음을 가질 수 있도록 유연하고, 넓어지고, 깊어질 수 있기를 바라며 Napier로 남편과 함께 오붓한 가을 여행을 떠나기로 했습니다.

우리가 사는 곳에서 겨우 30분 정도를 달렸을 뿐인데, 어느새 온 들판과 길가의 가로수에서, 벌써 그 현란함으로 멀미를 일으킬 만큼 가을의 냄새가 모락모락 피어오르기 시작했습니다. 우린 곧바로 Napier로 향하지 않고 Havelock North에 있는 Te Mata Peak에 들러서 가기로 했습니다. 그러나 그곳으로 올라가는 길이 생각보다 너무 좁고 험해서 가는 내내 천천히 조심조심하면서 운전하여 올라갔습니다. 마주 오는 차를 주의해서 보지 않으면, 서로의 차를 양보할 수 있게끔 마련된, 군데군데의 약간 넓은 평지를 놓쳐 버리기라도 하면 그야말로 오도 가도 못하는 난감한 상황이 벌어질 수도 있는 정말 좁고 꼬불꼬불한 위험천만한 길이었습니다. 한참을 엉금엉금 올라가니, '와!' 모든 시가지가 한눈에 서서히 드러나기 시작하면서 저 멀리 하늘인지, 바다인지 구분조차도 되지 않는 또 하나의 신비스러운 세상이 눈 앞에 펼쳐집니다. 살면서 흔적도 없이 흩어져버리는 시간 속에서, 우리가 악착스럽게 움켜진 욕심 속에서, 일어나는 모든 고통과 두려움, 절망, 번뇌들을 이 바람 속에 남김없이 날려 보내버리고 싶은 마음이 나를 가득 채웠습니다. 지금 이 자리에서 이 순간만큼은 내가 모든 것들을 다 받아들일 수 있는 큰 사람이 된 것 같았습니다.

다시 되짚어 조심스레 아래로 내려오다 문득 그 아래에 있는 너무나 매혹적인 건물이 눈에 들어왔습니다. 이리저리 대충 지도를 보며 헤매다 찾아갔더니 그곳은 우리가 전혀 생각지도 못한 와인 양조장이었습니다. 말로 표현되지 못할 만큼, 여태껏 내가 보았던 그 어떤 와인 양조장보다도 아름답고 주위의 경치와 건물이 잘 어울리는 가을 동화 속의 집이었습니다. 철이 아니어서인지 아니면 조금 이른 시간이어서인지 사람도 북적이지 않는 조용한 곳이었습니다. 이리저리 두리번거리며 안내문을 찾아 셀러룸으로 들어가 천천히 이것저것 구경하면서 홀 한가운데에 준비된 와인들을 몇 잔 살짝 시음도 하고 나오는 길에 와인도 몇 병 샀습니다. 마신 와인보다 분위기에 흠뻑 젖어 한참을 머물고 싶었지만 나를 기다리는 바다의 유혹에 못 이겨 넉넉지 않은 시간만을 탓하며, 돌아서는 발자국에 아쉬움만 남겨놓은 채, 떠날 수밖에 없었습니다.

자~ 그다음은 Napier 바다로!
한국의 바다처럼 비릿한 바다 내음은 없지만 나는 이곳의 담백한, 푸른 바다가 좋습니다. 제 몫의 삶을 살아내다 보면 사람 사는 일에 지쳐 간혹 내가 어디를 향하는지, 어디로 가고 있는지조차 가

늘하지 못할 때, 이 넓고 그윽한 침묵의 바다 앞에 서면 미친 듯 밖으로만 내 돌던 내 마음이 고요히 자리를 잡습니다. 이렇게 바다와 마주하면 아무리 우리네 삶이 고단하더라도 내게 주어진 환경과 내가 추구하는 목표를 향해 온 마음과 정성을 다해 집중할 수 있는 힘과 용기가 생겨납니다.

　　빡빡한 생활 속에서 이렇게 짧은 시간의, 가을 속으로 떠난 여행이 스산하고 메마른 겨울을 훈훈하고 따뜻한 사랑의 마음으로 내 감성의 물기를 잃지 않을 잔잔한 행복을 오래오래 선물할 것 같습니다.

이웃 이야기

#백합을 닮은 아이 엄마
#어느 노부부 손님
#행크 할아버지를 추억하며
#야생화 같으신 분
#엘리 할머니
#엘리 할머니를 떠나보내며
#아이야 #길 위에서 만나는 사람들
#평화의 꽃

백합을 닮은 아이 엄마　　　　　　　　2012.11.23.

　　나는 가끔 사람과 꽃을 연관시키는 것을 좋아합니다. 누구를 만나는 첫 만남에서 그 사람을 보는 순간 어떤 꽃이 떠오를 때가 있습니다. 날씨가 무척이나 화창한 날, 가끔 나의 카카오스토리에 댓글을 남기는 어느 아이 엄마의 글이 너무 곱고 고마워서 꼭 한번 만나고 싶었습니다. 그러다 기회가 되어 이분을 만나게 되었습니다. 이분을 처음 본 순간 이곳에서는 '칼라'라고 불리는 백합과 비슷한 꽃이 떠올랐습니다. 선하고 맑고 고운 마음씨를 가진 아이 엄마입니다. 만나서 이 아이 엄마가 풀어내 놓은 이야기가 아직도 내 가슴에 남아 먹먹하게 합니다.

　　이분에게는 마음이 많이 아픈 아이가 있습니다. 세상과 소통하기가 두렵고 마음이 여리기에 마음의 문을 닫아버린 남에게 상처를 주기보다는 자신이 상처받는 것이 더 낫다고 생각하는 마음이 참 이쁜 아이입니다. 이런 아이를 위해 엄마가 겪은 이야기들을 들으면서 마음이 많이 아렸습니다. 10년 동안을 이 아이를 위해 많은 것을 포기해야 하고 자신의 욕심을 하나둘씩 내려놓으며 속 모르는 남의 시선을 고스란히 삭혀내야만 하고 가슴을 졸이며 살아온 나날들이었다고 합니다. 그렇게 힘들게 살아온 세월을 이야기하면서 눈에는 벌써 눈물이 그렁그렁했었지요. 말하지 않아도 압니다. 그 시간들이 어떠했을지.., 얼마나 힘들고 외롭고 또 위로받고 싶은 순간이 수없이 많았을 것을요. 그래도 이분은 한순간도 포기하지 않고 여기까지 왔네요. 가까운 가족 중에 아픈 사람이 있으면 그 고통의 무게가 얼마인지는 겪어보지 않은 사람은 모릅니다. 서서히 무너져버리고 황폐해져 가는 가족들을., 더군다나 밖으로 드러난 상처는 쉬이 아물기도 하지만 마음에 생긴 상처는 참 더디지요. 사랑이 없으면 견디어낼 수 없답니다.

　　나에게도 마음이 아팠던 가까운 이가 있었습니다. 정말 선하디선한 이였지요. 한송이 고운 꽃이 되고 싶어서 모든 걸 포기하고 살다간 맑은 영혼을 가진 사람입니다. 그래서 압니다. 가까운 이가 마음이 아프면 얼마나 큰 고통이며 숨이 막힐 것 같은 절망감과 그것을 곁에서 지켜볼 수밖에 없는 안타까움과 앞이 보이지 않는 막막함을 느꼈을 겁니다. 마음이 너무 여리기에 너무 선하기에 이 세상 살기에는 너무 고왔기에 서둘러 가버렸지요. 아이 엄마 얘기를 들으면서 잠시 가슴에 묻어두었던 가까운 이가 생각났네요.

　　사람의 마음에는 다들 문이 있답니다. 그 문은 밖에서는 절대 열리지 않고 안에서만 열 수 있다고 합니다. 긴 터널 같은 어둠 속에서 두려워 절망하고 한 줄기 빛도 보이지 않을 때, 우리가 먼저 마음의 문을 열지 않으면 하느님께서 우리 안으로 오실 수가 없지요. 그냥 밖에 서서 우리가 마음의 문을 열기만을 기다리시면서 얼마나 마음 아파하고 안타까워 하실런지요. 하지만 다행스럽게도 이 엄마는 문을 활짝 열었네요. 하느님을 믿고 의지하고 모든 것을 내어 맡기면서 삶이 많이 편안해졌다고 그러네요. 그리고 이 엄마가 그러네요. 지금 여기 이곳에서 사는 시간이 정말 행복하고 감사한 나날들이라고요. 가족들 간에 많은 이야기를 하고 서로의 속내를 털어놓으면서 혼자만 힘든 줄 알았는데, 모두가 힘들어 했다는 것을요. 그 힘든 시간을 다들 혼자서 속으로 참아내고 있었다는 것을요. 지금은 주위에 있는 모든 것들에 감사하고 가족들 친구들 주위의 걱정하고 안타까워하는 모든 이들에게도 그저 작은 일에도 감사하고 또 감사할 따름이라네요. 물론 앞으로도 또다시 더욱 많은 시련과 고통과 좌절감들이 다가오겠지요. 그렇지만 그전과는 다른 더욱 풍성하고 사랑이 충만한 그런 삶을 혼자가 아닌 주위의 모든 이들과 함께 이겨내겠지요.

기도합니다. 이 엄마에게 이 고운 아이에게 세상을 향해 활짝 웃으며 당당히 맞설 수 있는 봄날 같은 날이 오기를 바라며, 주님의 말씀을 대신합니다.

"I always be with you!"

---

* 이 글을 쓸 수 있도록 흔쾌히 허락해준 그 백합을 닮은 아이 엄마에게 감사드립니다.

 어느 노부부 손님   2013.3.9.

    어제는 우리 식당이 무척이나 바빴습니다. 아르바이트생을 아직 구하지 못한 탓에 더 바쁘게 느껴졌는지도 모릅니다. 마지막 손님들의 음식까지 다 나가고 나서야 겨우 한숨을 돌립니다. '휴~' 하는 것도 잠시, 주방 한쪽에 한가득 쌓여있는 그릇들이 나를 기다리고 있기에 오래 머뭇거릴 수는 없습니다. 크게 숨 한번 다시 쉬고 지저분한 그릇들을 깨끗하게 씻고 닦습니다. 점점 반짝반짝해지는 그릇들이 나를 행복하게 합니다. 그러면서 생각해 봅니다. '내가 이 그릇들을 몇 번이나 씻었을까?' '1년이 365일, 한 12년에서 13년이니까, 저녁만 했다고 해도 대략 5,000번 정도? 집에서는 빼고도., 어휴! 참 대단하네. 우리 헬레나.'

    갑자기 남편이 부릅니다. 손님이 날 봤으면 한다고 합니다. 손을 닦고 급하게 나갑니다. '무슨 일일까? 음식에 문제가 생겼나?' 짧은 순간에 많은 생각이 스치며 불안한 마음을 안고 카운터 앞으로 가니, 엄청 세련되고 우아한 노부부가 기다리고 있었습니다. 손님들은 나를 보자마자 "오늘 먹은 음식은 지금까지 먹어본 한국 음식 중에서 최고였습니다"라고 말씀하시는 것이었습니다. 그리고 덧붙여서 이렇게 말씀하십니다. "이렇게 우리를 행복하게 해주어서 고맙습니다"고 하시면서 "힘들지 않냐?"고 노부인이 조심스레 물어보십니다. 나는 웃으면서 "물론 일은 때때로 힘들고 하기 싫다는 생각이 들기도 합니다. 그러나 이렇게 손님들이 맛있게 드시고 고맙다고 인사할 때면, 정말 행복하고 다시 일할 힘과 내가 하는 일에 자긍심이 생겨 더 열심히 해야 하는 이유가 있기에 힘든 것은 아무 문제도 아닙니다"라고 말씀드렸습니다. 그 노부부는 캐나다 캘거리에서 왔다고 하십니다. 부인은 캘거리 교육부에서 꽤 비중이 있는 분이었는데 지금은 은퇴하고 여행을 다니시는 중이랍니다. 부군은 석유화학 관련 일을 하셨었고. 사업차 한국과 중국, 일본 등 아시아 지역을 많이 다니신 듯 문화, 역사, 특히 교육에 관해서 무척이나 해박한 지식으로 얘기를 하셨습니다. 가게를 나서시면서도 정말 좋은 음식을 먹게 해줘서 고맙다고 몇 번이나 말씀하시면서 두 손을 꼭 잡아주셨습니다. 간혹 이런 분들을 만나면 행복해집니다. 그러면서 내가 하는 일을 생각해 봅니다.

우리식당에 처음 오시는 어떤 한국사람들은 한국식당이라고 하면 우습게 보며 가게에 들어오면서부터 반말 비슷하게 합니다. 그러다가 손님들 대부분이 키위(뉴질랜드 사람)인 걸 보고서는 나갈 때는 공손해지는 뒷모습이 나를 우울하게 합니다. 아주 드물게 있는 일이기는 하지만요.

일에는 귀한 일 하찮은 일이 없습니다. 내가 어떤 마음으로 일을 하는가가 귀천을 만듭니다. 아무리 좋은 직업을 가졌다 하더라도 하기 싫어 억지로 하거나 돈만 쫓는 일이라면 하찮은 일이고 천한 일일 것입니다. 그런 마음으로 일을 하는 사람 또한 천하고 하찮은 사람이 되는 것이지요. 남에게 피해가 되지 않고 사회에 악영향을 끼치지 않고, 무슨 일을 하든 즐거운 마음으로 아무리 작은 것일지라도 정성으로 하는 사람이 귀한 사람입니다. 모든 것들은 자신의 마음과 행동에서 구분되는 것이지요.

나는 내가 만드는 음식을 먹는 모든 분들이 고맙습니다. 그들로 인해 내가 살아가고 있고 내 아이들을 키울 수 있었고 또한 내가 하고 싶은 것들을 마음껏 할 수 있는 기회도 되었습니다. 우리 식당에 오는 손님 중에 때로는 상식 밖의 사람들에게서는 내가 어떻게 처신해야 할지 반면교사로 가르침을 주었고, 좋은 사람들을 만날 때면 그런 분들을 닮으려고 노력할 기회도 있었기에 항상 고마운 마음입니다. 지금 있는 이 자리가 내 자리라고 생각하며 열심히 일하고 사랑합니다. 내 몸이 허락하는 한 오래도록 이 자리에 머물고 싶지만 그건 욕심인가 싶어 인연에 맡깁니다.

나는 음식을 만들 때나 밥을 휘저을 때마다 이렇게 기도합니다.

"이 음식과 밥을 먹는 모든 이들이
 몸과 마음이 건강하고 행복하여지이다."

이 아름다운 노부부 손님께서 다시 한번 내 자리를 되돌아볼 수 있는 귀한 시간을 선물하셨네요. 여행이 끝나실 때까지 건강하시고 두 분 모두 오래오래 행복하세요.

행크 할아버지를 추억하며					2013.6.21.

우리 부부와 십년지기인 네덜란드 출신의 행크 할아버지의 부인이 따님 부부와 함께 우리 식당으로 저녁을 드시러 오랜만에 오셨습니다. 행크 할아버지와의 인연은 우리가 이곳 Palmerston North로 오던 1999년이었습니다.

남편과 나는 생전 처음으로 장사라는 녹록지 않은 힘든 분야를 선택했을때, 굽이굽이 마다 부딪히는 어려움을 슬기롭고 여유롭게 잘 이겨낼 수 있도록 도움을 주신 잊지 못할 고마운 분이십니다. 그분도 아주 오래전에 이곳으로 이민을 오셔서 어려움을 많이 겪으셔서인지 우리를 무척 안쓰러워 하셨습니다. 생전 처음 해보는 장사인지라 때로는 일이 감당하기 힘들 정도로 고단해서 주눅이 들어있을 때는 어깨를 툭툭 치시며 "자~ 이제 내리막이야. 조금만 힘내!" 하실 때도 있었고, 사람들과 부딪히며 실망하고 상처받았을 때는 "세상은 이래서 재미있는 거야. 그래도 좋은 사람들이 훨씬 많으니까. 괜찮아~" 하시며 큰소리로 껄껄 웃으시던 긍정 마인드 자체였던 분이셨습니다. 그런 행크 할아버지가 안 보이시기에 잘 계시는지 안부를 물었더니, 일 년 전쯤에 암으로 투병하시다가 결국은 돌아가셨답니다.

참 허망하고 서글프기 짝이 없는 우리들의 삶의 모습인가 싶으니, 갑자기 가슴속이 휑해지며 잠시 할 말을 잃었습니다. 너무도 깜짝 놀라 정말이냐고 되물었더니 할아버지가 돌아가시고 이제 홀로 남으신 할머니를 모든 주변의 것을 다 정리하고 요양시설로 이사를 해 드렸답니다. 그러고 나니 혼자 남으신 할머니 마음도 그렇고 그런 할머니를 보는 따님 마음도 얼마나 아프고 안타깝겠는지요. 식구들이 바람도 좀 쐬고 기분전환을 할 겸해서 우리 식당으로 저녁을 드시러 나온 거라고 합니다. 할머니 가슴속에 항상 계시는 행크 할아버지를 마지막을 뵌 지가 한 일 년 전쯤 시내에서 신호등에 나란히 서서 급하게 서로 안부 묻고 인사를 한 것이 전부인 것 같습니다. 그때도 흐르는 세월 속에서도 조금 더 늙으신 듯한 것 말고는 여전히 변함없는 밝은 표정으로 웃으시면서 엄지 손가락을 위로 올리시며 힘차게 가시기에 감히 아프실 거라는 생각을 못 했었는데, 그것이 우리의 기억 속에 남아있는 행크 할아버지의 마지막 모습입니다.

　　　　모든 순간이 그 사람과의 마지막이 될지도 모른다고 생각하니 앞으로는 만나는 이들을 대충대충 대할 수 없을 것 같습니다. 그 가족들을 배웅하고 가게로 다시 들어오면서 마음이 너무 아팠습니다. 할머니를 꼭 안아드리면서 '건강하시고 또 건강하시라'고 몇 번이나 말씀을 드렸지만, 모든 사람들이 다 그렇지만도 특히 연세가 있으신 분들의 내일은 아무도 장담할 수 없기에 나도 내가 하는 말이 빈 말같이 공허하게 내 귓가에 맴도는 것만 같았습니다.

그날 밤, 남편과 나는 잘 마시지도 않는 와인을 마시면서 행크 할아버지와의 소소한 추억들을 서로 얘기하면서 허전한 마음을 달랬습니다. 주위의 소중한 분들이 한 분, 한 분씩 떠나가실 때마다 나를 이루는 조각들이 빠져나가는 듯, 가슴에 찬바람이 붑니다. 우리는 우리가 건강할 때 우리가 마지막까지 살만한 집을, 요양병원이든 시설이든 어디든 우리가 정해서 들어가 살자고 몇 번이나 다짐했습니다. 연로해 지신 부모님을 아무리 좋은 시설을 갖춘 요양시설이라도 가족들과 함께하는 따뜻한 마음이 담겨 있지 않은 차가운 콘크리트 건물 안에 부모님만 남겨 두고 돌아서는 자식들의 마음이 너무도 힘들 것 같기에…, 그리고 모시지 못해 자식의 도리를 다하지 못하는 죄스러운 마음을 가슴속에 지닌 채로 항상 무겁디 무거운 마음을 안고 살아야 할 자식들이 너무도 애처롭고 그 모습을 보는 부모 마음 또한 너무 아플 것 같기에….

제발 살아있는 동안 몸도 마음도 건강하게 아이들 옆에서
우리 아이들이 살아가는 모습들을
오래도록 바라보고 싶은 마음 간절하지만,
때가 되면 모두가 떠나야만 하기에
그저 항상 건강만을 허락하시기를 두 손 모아 빕니다.

행크 할아버지의 영원한 안식을 빌며 남은 가족분들 모두에게도 주님의 은총이 가득하시길 빕니다.

 **야생화 같으신 분**　　　2013.5.9.

　　얼마 전, 이른 아침에 수줍은 듯이 새초롬히 핀 예쁜 야생화들의 사진 선물을 받고는 얼마나 가슴이 설레고 기쁘던지 나도 모르게 탄성을 지르며 혼자만 보고 느끼기가 너무나 아까워서 곤히 잠자고 있던 남편을 흔들어 깨우다가 싫은 소리를 흠뻑 들은 날이 있었습니다.

　　이토록 고운 야생화 사진들을 보내주신 분은 이곳에서 남편을 따라 한 일 년쯤 머무르시다가 한국으로 다시 가신 분입니다. 그분은 곁에서 보기에도 참으로 조용한 성품에 깊이가 있고 넉넉하며 남을 배려하시는 마음이 몸에 밴 듯했습니다. '한 번쯤 시간을 내서 커피라도 한잔 나누어야지' 하고 마음으로만 벼르다가 결국 기회를 놓친 분이기에 더욱 죄송한 분이십니다. 가끔 보내주시는 주변 이야기들과 함께 보내주신 야생화 사진에 깊은 감동을 받았다고 말씀을 드렸더니, 그걸 잊지 않으시고 그분의 성품과도 같이 꼼꼼히 사진 한 장에 꽃 이름과 설명을 덧붙이셨습니다. 앵초꽃, 금낭화, 양지꽃, 제비꽃, 철쭉, 홀애비바람꽃, 별꽃, 꿩의눈, 얼러지, 족두리꽃 등 그렇게 보내주신 야생화 사진들이 여러 장입니다. 사진 속의 야생화 모습들도 소박하고 함초롬히 핀 게 곱기도 하지만 하나하나 신경을 쓰면서 보내주신 그분의 고운 마음이 오롯이 내게로 전해지면서 벅찬 감동이 된 행복한 선물을 받은 고마운 아침이 되었습니다.

선물 받은 이 꽃들은 때때로 내 마음이 거칠어질 때마다 조심스레 하나씩 하나씩 꺼내볼 때면 선물 받던 날의 그 아침처럼 잔잔해지면서 오래도록 행복하며 주어진 모든 것들에 감사하는 마음이 솟아날 것 같은 보물상자와 같기도 합니다.

비록 사진이지만 이 야생화들처럼 내게 주어진 삶도 이렇게 소박하고 꾸밈없이 주어진 그 자리에서 홀로 피어, 보는 이들의 마음을 따뜻하고 행복하게 그리고 아름답게 해 주리라 마음을 다잡아 봅니다.

이토록 아름다운 야생화를 선물하심으로 제 마음을 부드럽고 곱게 물들여주신 김보성 님께 감사를 드립니다. 언제나 행복하시길 빕니다.

 엘리 할머니   2018.12.7.

　　요즈음은 수없이 많은 온갖 꽃들이 꽃망울을 터트리며 게으른 기지개를 켜는 완연한 생명의 초록빛 봄을 지나 화려한 열정의 여름 길목에서 서성대는 눈부시고 찬란한 날이 계속되고 있습니다. 오늘은 제대로 서 있기 힘들 정도로 세찬 바람이 불어댑니다. 바람이 큰소리로 윙윙거리며 흔들어댈 때마다 산란해진 내 마음도 함께 흔들거립니다.

　　수요일은 엘리 할머니를 찾아뵙는 설렘과 두려움이 함께하는 날입니다. 엘리 할머니는 우리 며느리인 트릭시의 외할머니입니다. 같은 성당(St. Patrick's)을 오랫동안 함께 다니면서도 서로 모르고 지내다가 트릭시를 통해 인사를 나누면서 알게 되었습니다.

　　9월이 끝나가던 어느 날 새벽미사를 마치고 돌아서는데, "Sun!" 하며 엘리 할머니의 딸인 브리짓이 불러세웁니다. 예기치 않은 모습에 깜짝 놀라 "웬일이냐?"고 물어봅니다. '이번 주에 Ellie 할머님이 유방암 수술을 받는데, 연세가 92세 고령이라 수술 중에 돌아가실 수도 있다'고 하며 기도를 부탁합니다. 금방이라도 떨어질 듯한 눈물을 참으며 내 손을 꼭 잡습니다. 엘리 할머니는 15년 전에 유방암 수술을 받았지만, 며칠 전 그 암세포가 갑자기 번지기 시작해 92세라는 고령의 위험을 안고도 수술을 선택할 수밖에 없었다고 합니다.

식구들의 걱정 속에서도 다행히 어렵고 힘든 유방암 수술은 무사히 받으셨다는 연락을 받고 엘리 할머니에게 병문안을 갔을 때 "이제 암세포가 모두 사라졌고, 앞으로 남은 건 잘 먹고 원기만 회복하면 돼"라고 환하게 웃으시며 기뻐하시던 것이 엊그제 같았는데, 다시 암세포가 왕성하게 움직인다고, 연세에 맞지 않게 암세포들이 급속하게 퍼지기 시작해서 더 이상의 치료는 의미가 없다면서 이대로 진행된다면 두 달을 넘기기 힘들 것이라고 합니다. 갑작스러운 소식에 머릿속이 멍한 상태에서 '정신이 맑으실 때 한번 찾아뵈어야지!' 몇 번이나 되뇌면서도 할머니의 상태가 어떤지? 병문안을 가도 괜찮은지? 한참을 망설이다 며느리를 통해 조심스레 마음을 전합니다. 짧은 기다림 끝에 '언제든 와도 좋다고, 할머니께서 보고 싶어 하신다'며 연락이 왔습니다. 오전 11시쯤이 할머니의 상태가 제일 안정적이고 좋다고 해서 가능하면 매주 수요일 11시를 아예 할머니 병문안이라고 정해버렸습니다.

　　워낙 꽃을 좋아하는 분이시라 할머니를 위해 화려하고 밝은 빛깔의 꽃들로 만든 꽃다발을 들고 병문안을 갔습니다. 안방 침대에 누워계신 아주 자그맣게 변한 할머니를 뵙는 순간, 목구멍에 뭔가가 걸린 듯 가슴속에서부터 밀려오는 아픔으로 눈물이 핑 돌았습니다. 아픈 할머니 앞에서의 눈물은 더 큰 슬픔과 두려움을 만들어내기에 오히려 활짝 웃으며 "Good morning Ellie? How are you?"하고 인사를 건넵니다. 할머니는 작은 미소로 힘들게 팔을 벌려 "Oh my lovely Girl!"이라고 하시며 안아주십니다. 나는 할머니 품에 안기며 속삭입니다. "I miss you too much…" 언제나처럼 엘리 할머니의 그 포근하고 따뜻한 품이 참 좋았습니다. 우리 엄마같이 포근하고 넉넉하고 따사로운 이 품이….

　어김없이 또 다른 수요일은 찾아왔고 다시 화려하고 밝은 빛깔의 꽃들만 골라 만든 꽃다발을 들고 있는 나를 거실 창으로 쏟아지는 반짝이는 햇볕을 받으며 긴 의자에 누운 듯 앉아있던 할머니께서 알아보시곤 손을 흔드십니다. 오늘 할머니의 모습이 매우 건강해 보입니다. 목소리에 힘이 실린 듯도 하고, 지난주보다 한결 나은듯해 다소 마음이 놓입니다. 두런두런 얘기를 나누시다가 갑자기 할머니께서 같이 기도하시기를 청하셔서 옆에 앉아, 같이 병문안을 간 할머니의 성당 친구인 지호 할머니와 브리짓도 함께 성모송과 함께 간절한 마음으로 주님께 기도를 드렸습니다. 기도를 마치고 할머니는 옆에 앉아있는 나를 한참 바라보시더니, "믿음이 우리를 강하게 해 주고, 내 믿음이 항상 나를 강하게 해 주지만, 정말 어떻게 해야 할지 모르겠어…" 갑작스러운 물음에 무슨 말을 어떻게 해야 할지 몰라, 잠시 망설이다가 "Nobody know tomoorrow, Let it be."라고 위로의 말씀을 드렸습니다. '당신이 원하시던 답이 되었을까?' 할머니처럼 평생을 하느님 안에서 깊은 믿음으로 선하게 성실하게 살아내신 분도 손에 잡힐 듯 가깝게 다가오는 죽음 앞에서 잠시 흔들릴 때도 있나 봅니다.

　사실 모든 사람은 태어나는 순간부터 죽음을 향해서 한 걸음

한 걸음 생명을 소진해 나가는 것이고 사는 일은 곧 죽는 일이며 생과 사는 동떨어진 일이 아닙니다. 단지 그 마지막의 그 날 그 순간이 언제인지를 모르기 때문에, 두려움 없이, 조급함 없이, 제 몫의 삶을 온몸으로 살아내다 가끔은 내일로 미루기도 하고 또 순간을 허비하기도 하면서 살아가는 것이겠지요.

삶의 간절함으로 매 순간 죽음을 느끼는 엘리 할머니의 "What shall I do?" 이 말이 오늘 하루 아니 꽤 오랫동안 내 마음을 다잡으며, '내게 주어진 삶을 어떻게 살아내야 하는지? 내 마지막을 어떻게 준비하고, 맞이해야 하는지?'를 깊이깊이 묵상하는 기도가 될 것 같습니다.

엘리 할머니를 떠나보내며

주님,
오늘 당신이 맡기신
삶의 의무를 모두 끝낸
엘리 할머니가
당신을 향해 조용히 걸어갑니다.

화려한 꽃들이 쓸쓸히 놓인
차가운 침묵 속
엘리 할머니의 관 위에
꽃잎을 뿌리며
내 마음도 내 눈물도 함께 뿌립니다.

엘리 할머니의 구십 평생이
이토록 눈부시게 아름다운 건
할머니가 온 정성으로 키운
열두 송이*의 밝고 찬란한 향기로운 꽃들이
남겨지기 때문이겠지요?

* 열두 송이로 표현된 것은 엘리 할머니의 12명의 자녀들을 말합니다.

한평생을
주님만을 바라보며
기도하며 살았기에
사진 속 엘리 할머니의 미소도
깊고 맑을 수 있나 봅니다.

쓸쓸히 홀로 떠나는
엘리 할머니를 배웅하며
고요한 침묵 속
우리의 죽음을 바라봅니다
나도 조금씩 조금씩 죽어갑니다.

아이야

아이야~.
서글서글한 커다란 맑은 두 눈
언제나 웃음기 머금은 그 입술
찰랑거리는 머리카락 나풀거리며
꾸밈없이 해맑게 웃던 고운 아이야
넌 어디에 있니?

아이야~
네 가슴에 품은 커다란 꿈과 빛나는 희망
미쳐 펼쳐 보이지도 못한 채
네 가슴속 깊이깊이 숨겨놓은 사랑
소리내어 노래하지도 못한 채
서둘러 떠난 여린 아이야
넌 어디로 갔니?

아이야~
창백하고 떨리는 마른 슬픈 손으로
널 곱게 곱게 단장하고
고운 한복 입혀 마지막 널 보내던 날

엄마의 뜨거운 사랑을 담은 가슴도 같이 떠나고
남은 생 아무 고통 없이
조금씩 조금씩 무너져 내리는 것이
더 큰 아픔인 것을 넌 아니?

아이야~
여리디여린 널 혼자 그 먼 여행길
떠나보낸 엄마의 텅 빈 가슴에
넌 언제나 빛나는 별빛을 안은 소녀로 자라고 있고
네가 떠난 그 자리엔 노란 수선화만 무심히 피고 지는구나.

아픈 그리움 평생 가슴에 안고 살아야 하는
마른 풀잎 서걱대는 엄마는
오늘도 널 위해 창백한 두 손으로 촛불을 켠다.

---

* 어떤 이에게 세월은 흐르는 것이기도 하지만, 사랑하는 사람을 떠나 보낸 이에게 세월은 쌓이는 것이기도 합니다. 함께한 그 수많은 아름다운 시간을 잡을 수 없어 안타깝고 스쳐 지나간 그 모든 곳에서 사랑하는 이는 살아 숨쉬기도 합니다. 너무 슬퍼서 눈물조차 나지 않을 때, 나지막이 불러보는 이름 하나로 이토록 가슴이 쓰리고 아플 수 있는지, 떠나간 이는 모르겠지요. 오늘 가장 마음이 아플 자매님에게 이른 새벽의 고요함을 위로로 두 손 가득 드립니다.

길 위에서 만나는 사람들

내 걷는 길 위에서
많은 사람들을 만납니다.

그냥 스쳐가는 사람
눈 한번 마주치는 사람
손 한번 맞잡은 사람
마음을 주고받은 사람

온 정성 다해 맺은 인연이
때로 실망을 주기도
아픔을 주기도
원망을 주기도 합니다.

그 사람됨을 보지 못한
나의 무지와 어리석음으로
아무에게나 헤프게 마음 준
내 잘못이려니 생각하면
그리 억울하지도 않습니다.

오늘도 내 걷는 길 위에서
많은 사람들을 만납니다.

평화의 꽃

바람 부는 잿빛 하늘엔
햇살 한 줌 비추지 않고
꽁꽁 얼어붙은 내 가슴엔
꽃 한송이 피어나지 않네.

많은 추억 함께 한
가까운 이들, 믿었던 이들에게서
오해받는 일, 잊혀 가는 일들
눈물 날만큼 서러웠는데.

'추석 잘 보내세요'라며 전하는
수줍은 듯 초록빛 잎 속에 숨은
은은한 향기 가득 품은 꽃을 건네는
봄빛을 닮은 젊은 엄마.

어느새 얼어붙은 내 가슴속엔
기쁨의 강물이 소리 없이 흐르고
평화의 꽃이 피어나네.

언제나 꽃을 선물하는 마음으로
매일 매일을 살아야겠네.

친구 이야기

#"보고 싶다. 친구야!"
#행복을 전하는 꽃 선물
#비타민 같은 친구
#고운 친구야
#내 친구
#무슨 말로 위로할 수 있을까?

 **"보고 싶다. 친구야!"** 2013.2.18.

　　가끔 여유로운 오전 시간이 생길 때면 시간이 멈춘듯한 한적함이 좋아 남편과 함께 즐겨가는 카페가 있습니다. 그곳에서 예쁘고 참한 젊은 엄마를 만났습니다. 해가 바뀌고서 처음 보는지라 무척이나 반가웠습니다. 그 젊은 엄마는 한국에서 온 시누이와 차 한 잔의 여유를 즐기러 나온듯 했습니다. 워낙 밝고 즐겁게 사는 엄마인지라 옆에 있기만 해도 웃음이 저절로 나는 행복 바이러스 보유자입니다. 서로 덕담을 주고받으며 그간의 일들을 나누고서 돌아서려는데 문득 그 젊은 엄마의 한마디가 내 마음을 울렸습니다.

　　"조금 우울해지면 커피 한잔해요. 제가 맛있는 거 아주 많이 사 드릴게요." 갑자기 가슴에 무언가가 꽉 차오르면서 눈물이 핑 도는 것을 억지로 참으며 어색한 웃음을 뒤로하고 헤어져 나왔습니다.

　　어디선가 많이 들었던 낯익은 그 말에 한 친구가 내 기억의 저편에서 살며시 다가왔습니다. 내가 조금만 우울하고 얼굴이 어두워 보이거나 말수가 적어지면 항상 날 즐겁고 신나게 그리고 밝게 해 주려고 그런 말을 즐겨 했던 친구가 생각이 났습니다. 몇 년 전 언니가 작별인사도 없이 서둘러 저 하늘의 작은 별이 되었을 때도 그저 내 옆에서 아무 말 없이 묵묵히 있어 주었던 마음이 고운 친구입니다. 때때로 내가 마음이 너무 아파 힘들다는 말도 나오지 않을 때도 아무 말 없이 나를 꼭 안아주던 넉넉한 가슴을 가진 친구입니다. 그 친구는 언제나 이렇게 나를 따뜻하게 사랑을 담아 보듬어주곤 했었는데, 나는 그 친구에게 따뜻하고 편한 친구가 되어주지 못했다는 아쉬움과 미안함이 한꺼번에 밀려와 안타까움만 더해집니다. 그 친구가 한국으로 가고 몇 년 만에 처음 들은 그 말이 나를 너무너무 행복하게 만들어 주었네요. 참으로 오랜만에 들어보는 정겨운 그 말! 참으로 오랜만에 들어보는 마음 설레는 그 말!

"맛있는 거 아주 많이 사 드릴게요."

오늘따라 유난히도 파란 하늘에 하얀 뭉게구름으로 내 마음을 적어 친구에게 보냅니다.

'그리운 내 친구, 요안나!'
요안나의 밝고 깊은 환한 웃음이 그립네요.
'많이 보고 싶다. 그리고 사랑해!'

행복을 전하는 꽃 선물   2013.3.17.

　　언제나 토요시장에 갑니다. 가게에 필요한 여러 물건을 사야 하기 때문도 있지만, 더 큰 이유는 대형슈퍼마켓에서는 느낄 수 없는 사는 이와 파는 이가 서로 얼굴을 보면서 가격을 깎거나 덤으로 얻을 수 있는 인정이 있기 때문이고, 한 주 동안 있었던 일들을 서로 얘기할 수 있는 사람 냄새가 물씬 나는 이곳이 나를 푸근하게 하고 넉넉하게 만드는 듯하여 거르지 않고 찾아옵니다.

　　오늘은 꼭 잊지 않고 호박을 사야 합니다. 금방 부친 호박전을 워낙 좋아하는 남편이기에 아침으로 호박전을 먹자고해서 먹기 좋은 큼직하면서도 부드러운 호박을 찾기 위해 시장 안을 두리번거리고 있었습니다. 그런데 저쪽 안에서 꽃을 파는 할아버지 가게에서 이리저리 꽃을 고르고 있는 내 친구가 눈에 들어왔습니다. "어머나, 이렇게 아름다운 꽃이 꽃을 사다니…" 하면서 반가워했더니 그 친구는 얼굴을 붉히며 "이리와 봐, 이 꽃이 오늘 정말이지 너무 이쁘네. 내가 사줄 테니, 한 묶음 가져다가 꽂아놔" 하면서 친구가 들고 있던 꽃묶음 중에서 하나를 내 품에 안겨줍니다. 얼떨결에 받아들고서는 "아~ 오늘 너무너무 행복한 하루가 되겠네. 고마워, 친구야!"라고 말했습니다. 친구는 환한 웃음으로 답하며 뒷모습을 보이면서 종종걸음으로 사라져 갑니다. 내 가슴에 안겨져 있는 꽃을 봅니다. 그리고 내 친구의 사랑도 같이 느껴봅니다. 가만히 보니 '글라디올러스'입니다.

내 친구는 아들 하나만을 둔 개띠 남편과 알콩달콩 살아가는 고운 엄마입니다. 남편들이 같은 개띠인지라 우리끼리 가끔 남편들의 흉 아닌 흉을 보면서 서로 동지감을 느끼는 언제든 아무런 격식없이 만날 수 있는 참 편하고 넉넉한 친구입니다. 이렇게 부담되지 않는 소박한 꽃 선물로 뭉클뭉클 솟아나는 기쁨을 선물할 수 있는 내 친구의 여유로움에 잔잔한 감동을 받습니다.

> 우리에게 주어지는 매일매일의 삶들이
> 이 꽃과 같아 이렇게 아름다울 수만 있다면
> 얼마나 좋을까?

또 나의 매일매일을 항상 꽃을 선물 받는 마음으로 또한 누군가에게 꽃을 선물할 수 있는 마음으로 살 수 있다면 얼마나 좋을까?

이렇게 곱고 이쁜 꽃들을 온 세상 가득 보내주시고 그 꽃들을 바라보는 사람들의 마음에 아름다움도 함께 주시는 하느님께 오늘도 감사의 마음을 드립니다.

비타민 같은 친구

내 친구는
조그만 약통 속의
하늘빛 비타민.

세상살이 앞이 보이지 않아
절망 속에 허우적거릴 때
한 알 깨어 물면
희망이 강물처럼 흐르네.

사람 사이에 실망과 원망이 커질 때
한 알 깨어 물면
입안에 고이는 침처럼
가슴에 사랑이 솟아나네.

마술 같은 내 친구
기적 같은 내 친구
먹어도 먹어도
바닥이 없는 나의 비타민.

간절한 마음으로
오래오래
내 곁에 머물게 해 달라고
두 손 모아 기도해야겠네.

고운 친구야

바람 부는 날에는
너의 해맑은 웃음
바람에 묻어
내 마음을 흔들고.

비 오는 날에는
창가에 부딪히는 빗방울처럼
한줄기 음악으로 다가와
내 마음을 두드리고.

무지개 뜬 날에는
빨 주 노 초 파 남 보
일곱가지 빛깔 속에 감춰진
우리들의 빛바랜 추억들이
내 가슴속으로 쏟아져 내리고.

가까이 있어도 보고 싶고
멀리 있어도 그리운
고운 내 친구.

바쁘다는 핑계로 일상 속에서
너를 잊고 사는
나의 불성실한 무딘 마음과
사랑의 결핍을
오늘은 너에게 용서를 청하고 싶구나.

고운 친구야,
너의 넓고 깊은 마음으로
날 용서해 줄 수 있겠니?

내 친구

내 친구는
내가 무얼 하든 간에
무조건 '잘 해! 대단해!'
아낌없는 찬사로
나를 하늘로 둥둥 떠다니게 하네.

내 친구는
넌 하늘로 난 꿈속으로
이 말 만해도
'넌 시인이야, 정말 시인이야!'
끝없는 탄성으로 난 벌써 시인이 되었네.

얼마나 행복한가?
얼마나 감사한가?

내 친구는
나보다 더 많이 나를 알고
나보다도 더 많이 나를 기억하고
나보다도 더 많이 나를 아껴주네.

내 친구는
마음이 거칠어질 때
마음의 눈이 흐려질 때
삶 위에 걷는 내 발걸음이 비틀거릴 때
날 다시 세워주는 버팀목이 되네.

얼마나 행복한가?
얼마나 감사한가?

내 친구는
삶의 모든 순간순간마다
기적이 존재함을
온몸으로 나에게 보여주네.

나도 너에게
축복이기를
네 입술에 머무는
평화의 노래이기를.

무슨 말로 위로할 수 있을까?

오늘 아침
친구에게서 온 톡 하나
'우리 아들, 하늘나라로'

하루종일
머릿속을 맴도는 말
'우리 아들, 하늘나라로'
'우리 아들, 하늘나라로'

무슨 말로 위로할 수 있을까?

늘 병약하던 아이
행여 더 아플까,
마음 졸이며 조마조마
살아온 34년.

힘들고 절망스러울 때도
언제나 환하게 웃으며
"나 괜찮아, 정말 괜찮아!"
오히려 날 위로하던 친구.

무슨 말로 위로할 수 있을까?

엄마에게
자식은 세상 전부인 것을
떠나가는 아들은 알까?

"누구야!" 하고 부르면
활짝 웃는 아이의 모습
엄마에게 축복이고 행복인 것을
떠나가는 아들은 알까?

이제 아이는
꽃 한송이 피지 않는
찬바람 부는 엄마의 가슴에서 나이를 먹어가고
엄마는 아이가 남겨 놓은
추억과 함께 세월을 살아가고.

엄마 혼자 남겨 두고
떠나가는 아이의 발걸음은
얼마나 무거울까?

아픈 아이를 혼자 떠나 보내는
엄마의 마음은
또 얼마나 아플까?

무슨 말로 위로할 수 있을까?

아이야,
잘 가거라.
아이야,
조심조심 잘 가거라.

가족 이야기

♥

#오래된 편지 #귀한 사랑 #어머님 이야기(전편)
#어머님 이야기(후편) #시아버님의 제사 #엄마의 마음
#딸의 월급 #막내의 입대 #결혼 선물 액자 #큰아들의 결혼
#반바지 선물 #그리운 아버지 #아이들이 떠난 자리
#우리 집 장난꾸러기 #한 아이 #할머니와 손자
#여보세요, 여보세요? #언니 #엄마와 봄나들이
#엄마가 떠나가셨다 #할미꽃 #언제나 책을 보면

 오래된 편지 2012.11.20.

　한 해가 저무는 문턱에서 이것저것 정리하다가 우연히 예전에 받았던, 누렇게 변하고 여기저기 얼룩이 진, 오래된 편지 한 통을 발견했습니다. '언제쯤이지?' 곰곰이 생각해보니, 아마도 이민 오기 전 1992년 즈음인가 봅니다. 이 편지 위로 흘러간 세월이 20년이나 되네요. 그러고 보니, 올해가 남편과 결혼한 지, 25주년이네요. 정말 세월이 쏜살같이 지나갑니다. 떨리는 가슴으로 친정아버지의 손을 잡고 성당 안으로 걸어 들어가던 그 예쁜 모습의 신부의 머리 위에는 하얗게 서리가 내려앉았습니다. 모든 것이 다른 사람 둘이 만나서 서로 부딪치고 실망하고 미워하고 상처받고 또 때로는 서로 깊은 상처를 주기도 하면서 흐른 시간들, 처음 남편을 보았을 때 내 가슴에 숨어있던 조그마한 등불 하나가 켜지는 것을 느꼈습니다. 나를 흔들어 깨우던 그 커다란 빛!

　이 편지에 적힌 내 마음이나 20년이 지난 내 마음이나 변한 것이 없네요. 있다면 남편을 향한 내 마음이 더 깊어지고 넓어진 것 밖에는….

　다음에도 생이 있다면 다시 만나 부부의 인연으로 살고 싶은 마음 간절한데, 나만의 욕심인가 싶어 감히 말로 내뱉을 수 없는 안타까움만 가득합니다.

 **귀한 사랑**   2012.9.2.

나에게 사랑이 무엇인지 어떻게 사랑하며 살아야 하는지를 가르쳐주는 하느님께서 나에게 맡기신 귀한 선물이랍니다.

바쁜 아이들인지라 자주 못 봅니다. 일 년에 한두 번 정도?
작년 연말 이제 다 큰 놈들이 와서 그러더라구요. "이제 일년에 한 번 밖에 못 올 것 같아, 자주 오고 싶은데 엄마, 아빠한테 미안해요." 그래서 내가 말했죠. "이 엄만, 외할머니 뵈러 15년 만에 처음 한국에 갔다. 너희들은 이 엄마보다 훨씬 잘하고 있으니, 괜찮아 고맙다."

부모는 동네 어귀에 서 있는 커다란 느티나무 같은 건가 봅니다. 그냥 간절한 마음만 지닌 채 마냥 그리운 얼굴을 기다리는 느티나무….

난 아이들을 가졌을 때마다 간절히 기도하는 것이 있었습니다. '귀한 사람이 되게 해 달라고요. 그런데 살아보니 귀한 사람은 태어날 때부터 주어지는 것이 아니라, 자신의 삶 속에서 순간순간의 지혜로운 선택과 타인을 향한 한량없는 사랑의 행위들이 쌓이고 쌓여서 귀하게 되는 거'라는 걸 알게 되었답니다.

참 부족하고 실수투성이의 엄마이기에 아직까지도 아이들에게 배우고 있답니다.

어머님 이야기 (전편)

오늘은 언제나 가슴 한편 회한의 아픔으로 남겨있는 우리 시어머님 이야기를 하렵니다.

갑작스레 걸려온 큰아들의 전화에 깜짝 놀랐습니다. 특별한 일이 없으면 언제나 일요일 저녁에 세 아이와 전화통화를 하는데 '오늘은 수요일인데, 별안간 무슨 일이 생겼나?' 하며 가슴이 콩알만 해지는 토끼처럼 겁이 많고 소심한 엄마입니다. 큰아들은 놀란 듯 물어옵니다. "할머니께 전화를 드렸더니 말씀을 잘 안 하시는데, 무슨 일이 있어요?"

'아, 그 일 때문이구나.' 항상 일요일 저녁이면 우리는 어머님께 안부 전화를 드립니다. 아이들이 각각 따로 떨어져 살면서부터는 자기들 편한 대로 각자 요일을 정해놓고 안부 전화를 하는지라 큰아들은 매주 수요일 저녁이 그날이었던가 봅니다. 남편과 나는 한 몇 주 전부터 어머님과의 통화가 거의 불가능하다는 것을 알고 있었습니다. 언어능력을 상실하셨는지 전혀 말씀을 안 하시고 그저 우리의 독백으로 끝나는 통화로 안타까움을 겪고 있었습니다.

지금은 어머님께서 종합검사를 위해 병원에 입원하신 지 일주일이 지났습니다. 치매가 조금씩 조금씩 진행되고 있으며 그로 인해 언어능력에 장애가 생기고 기억력에도 혼란이 온 듯합니다. 항상 우리 어머님께서 두려워하시던 일이 우리에게도 닥쳤습니다. 좀 더 정확한 원인을 찾기 위해 몇 개의 정밀검사를 추가로 더 해야 하므로 일주일을 더 병원에 머무르셔야 한다네요. 생각하시는 것은 멀쩡하신 것 같기도 한데, 말씀을 못 하시니 우리가 전화를 드릴 때마다 옆에서 지켜보는 간병인 말로는 우리가 걱정할까, 한마디라도 더 하시려고 안간힘을 쓰시는 모습이 너무 안타까워 보인답니다. 모든 검사 결과들이 나올 때까지 이토록 멀리 떨어져서 기다리는 우리의 마음은 그야말로 새까맣게 타들어 갑니다. 그저 할 수 있는 일은 주님께 매달리며 기도드리는 것뿐이네요. 참으로 무기력한 우리입니다.

어머님과는 결혼하고 바로 시집으로 들어가서 살았으니, 이민 오기 전까지 한 6~7년 정도를 어머님과 살았네요. 어머님께서는 성품이 워낙 깔끔하시고 자기 관리가 철저하신 분이셔서 한 번도 웃어른으로서의 위엄이나 격을 떨어뜨리신 적이 없으신 참으로 존경스럽고 대단하신 분이십니다. 평소에도 흐트러짐 없으신 어머님과 함께 사는 나 또한, 흠 잡히지 않으려고 언제나 긴장하며 살았던 것 같습니다. 가끔은 지나가시면서 하시는 한마디도 그것은 나에게 그날그날 하루의 숙제같이 느껴져 엄청난 부담감과 함께 그 일을 끝내지 못하면 나 스스로 힘들어 못 견뎌 했었습니다. 참 마음의 여유 없이 살아온 팍팍한 날이었습니다.

이 세상의 할머니라는 이름을 가지신 모든 분의 마음이 다 그러하시겠지요. 참 차갑게만 느껴지시던 어머님이셨지만 손주들에게만은 각별하신 사랑으로 엄청 예뻐하셨습니다. 늘 하시던 말씀으로 '할머니의 손주 사랑은 짝사랑이다'라고 하시면서. 그중에서도 특히나 어머님의 성품을 많이 닮은 큰아들을 유독 예뻐하셨습니다. 딸아이 때문에 편애하시는 표를 안 내시려고 노력은 하시지만, 가끔 큰아들을 편애하는 마음은 어쩔 수 없나 봅니다. 큰아들은 평소 말수가 적고 부산스럽게 설치지 않아서인지 어머님은 가시는 곳 어디든지 항상 데리고 다니셨습니다. 엄마인 내가 미처 알지 못하는 아이의 습성이나 특성, 성격 등을 어머님께서는 너무나 잘 알고 계셨습니다. 그만큼 아이의 행동 하나하나 모든 것들을 허투루 보지 않으시고 깊은 사랑으로 세밀하고 주의 깊게 바라보시기 때문이겠지요.

그런 어머님을 홀로 두고 내 자식들 잘 키워보겠다고 이렇게나 머나먼 곳으로 이민을 감행했으니 얼마나 불효막심한 자식인지 몸 둘 바를 모르겠습니다.

 **어머님 이야기**(후편)　　　　　2013.7.25.

　언젠가 어머님이 말씀하셨었습니다. "지금 사시는 집을 정리하고 좀 작은 집으로 이사해야겠다." 아마 우리 아이들 또래의 아이들이 아파트 놀이터에서나 엘리베이터 안에서 만나면 자꾸 손주들이 생각이 나시나 봅니다. 외출하시고 집에 들어서면 올망졸망한 세 아이가 "할머니!" 하면서 방에서 뛰어나올 것만 같고 아이들의 장난감이나 물건들을 보면 너무 그립다고 하시면서 차분하게 말씀하셨습니다.

　그때는 어머님의 마음을 헤아릴 수 있는 연륜이 아니어서 그냥 조금 허전하신가 보다 하고 대수롭지 않게 생각하고 지나쳐버렸는데, 지금은 나도 나이가 들어서 아이들을 하나씩 제 삶을 찾아 떠나보내고 나니, 그 마음을 알 것 같습니다. 나도 지난날의 해맑고 천진스럽던 아이들의 어릴 적 추억을 생각하면 눈가가 촉촉이 젖어 드는데, 우리 어머님은 지금의 나보다도 마음이 훨씬 더 하셨겠구나…. 그저 어미로서 자식들에 대한 사랑만을 알뿐 할머니의 깊고 깊은 손주 사랑을 알기는 턱없이 부족할 뿐입니다. 아이를 낳고 기르면서 부모님의 마음을 알게 되고, 나이 들어 자식을 독립시켜 보고서야 그런 부모님의 애탐을 더 알게 됩니다. 아마도 우리 어머님의 손주들에 대한 사랑과 그리움, 안타까움 등은 나중에 깊은 회한과 함께 알게 되겠지요. 언제나 한 발짝 늦게 깨닫는 늦깎이 인생입니다.

어머님은 손주들에 대한 애틋함과 허전함 그리고 그리움으로 얼마나 많은 날을 아프게 사셨을까? 참으로 미련하기 그지없고 너무나 이기적인 철부지 며느리입니다. 작년 한국에 갔을 때 시이모님이 하시던 말씀이 아직도 가슴에 남아 울음으로도 풀지 못하는 응어리로 남아있습니다. "자네들 가고 나서, 자네들 어머니, 성당에서 혼자서 얼마나 울었던 날들이 많았는지 몰라!" 그 말씀을 듣는 순간, 그만 눈물이 핑 돌며 늙고 초췌해지신 자그맣게 변해버린 어머님을 뵙고 나서 목구멍 속으로 꾹꾹 눌러 참았던 울음이 터져 나오고야 말았습니다. 무엇이 우리를 머나먼 이곳 이국땅으로 가게 했으며, 우리를 둘러싼 그 많은 책임을 뒤로하고 온, 이민에서 과연 얻은 것이 무엇인지? 그래서 아이들은 잘 키워보겠다던 그 약속은 제대로 지켰는지? 지금은 잘 모릅니다.

오로지 우리가 정말 최선을 다해 우리 아이들을 키웠다는 것입니다. 공부 잘하는 아이, 남들보다 앞질러가는 아이, 어디를 가나 두드러진 아이를 만들기 위해 공장제품처럼 이미 만들어진 틀 속에 집어넣어 만들어지고, 부모의 취향이나 기호대로 사육되어지는 애완동물 같은 아이들로 키우기 싫어서 오로지 내 아이들에게는 보다 많은 자율성을 부여하며, 넓은 세상을 제 눈과 자신의 생각과 가슴으로 볼 수 있고, 느낄 수 있고, 자기만이 가진 자신의 색깔로 제 목소리로 아무 두려움 없이 자기가 가진 꿈과 이상을 마음껏 펼 수 있는 자유로운 기회를 주기 위해 주위의 사랑하는 분들에게 고통과 아픔을 주면서까지 이민을 결정한 것입니다.

어쩌면 어머님의 유일한 기쁨이자 희망은 올망졸망한 아이들의 재롱으로 인해 피어나는 웃음과 콩나물처럼 쑥쑥 자라나는 아이들의 모습들을 곁에서 지켜보실 수 있는 행복과 뿌듯함이겠지요. 그리고 아이들과 함께 하시면서 하나둘씩 만들어가는 소중한 추억들을 가지실 수 없게 막아버린 그 긴 세월을 우린 과연 무엇으로 채워드릴 수 있을런지요? 어머님의 그 끝이 없는 희생과 아픈 가슴으로 흘리신 그 눈물방울들이 모여 우리 아이들이 건강하게 잘 자랄 수 있었던 것 같습니다. 지금도 그저 어떤 모습으로라도 우리 곁에 오래오래 머물러주시길 바라기만 하는 지독히도 이기적인 자식입니다.

철없고 생각이 짧고 부족함 많은 제가 어머님의 며느리여서 참으로 자랑스럽고 행복합니다.

 시아버님의 제사   2013.2.26.

어제는 시아버님 기일이었습니다. 모든 제사나 차례에 온갖 정성을 다해야 하지만 유독 우리 시아버님 제사에는 더욱더 각별히 신경을 쓰게 됩니다. 증조부모님, 조부모님, 이러하신 분들은 내가 직접 가까이에서 부딪치며 살아온 분들이 아니라 간혹 차례 때나 제사 때에 어머님이나 다른 어른들께서 들려주시는 이야기로 그분들을 생각합니다. 하지만 우리 아버님은 내가 처음 시집와서부터 돌아가실 때까지 그리 길지 않은 세월을 함께 하신 분이고 또 아버님과 함께 나눈 작은 추억들이 함께하기 때문인가 봅니다.

첫아이들, 그러니까 쌍둥이를 가졌을 때입니다. 어느 날 아버님께서 살아있는 커다란 닭을 사 가지고 들어오셔서는 "아가, 이걸로 닭죽을 좀 끓이거라" 하시는게 아니겠습니까? 아니, 살아서 꼬꼬댁거리는 닭으로 어떻게.. 너무 놀라서 눈을 동그랗게 뜨고서는 어렵게 말씀드렸습니다. "아버님, 못하겠는데요. 살아있는 닭을 어떻게 잡습니까?" 하였더니 잠시 생각에 잠기신 아버님께서 곧 다시 나가셨습니다. 나는 실수한 것이 아닌가? 하는 불안한 마음으로 있었는데, 아버님께서 다시 들어오시면서 "이제 닭죽을 끓이거라" 하시며, 까만 비닐봉지를 내 앞에 내려놓으셨습니다. 긴장 반, 걱정 반으로 봉투를 열어보니 잘 손질된 싱싱한 커다란 닭이 들어있었습니다. '휴~' 하고 안도의 한숨을 내쉬고는 곧바로 닭죽을 만들기 시작했습니다. 얼마간의 시간이 지나서 맛난 닭죽이 만들어졌습니다. 식탁에 아버님과 단둘이 앉아서 점심으로 닭죽을 먹기 시작했습니다. 닭이 워낙 커서 큰 곰솥에 한가득 되어 아버님은 두 그릇 드시고 나머지는 내가 모두 먹었지요. 식사를 다 하신 아버님께서 "얘야, 닭죽에는 소금보다 고추장을 조금 넣어서 먹으면 훨씬 맛이 더 난다"라고 말씀하시며 잔잔한 웃음을 지으시며 맛있게 먹고 있는 나를 바라보셨습니다. 지금도 닭죽을 생각하면 그때의 그 아버님의 모습이 항상 그리워집니다.

물론 아이를 가졌을 때 살아있는 것을 죽여서는 안 되는 것들은 누누이 어른들에게 들어서 알고 있지만, 이때만큼은 싱싱하고 좋은 닭을 며느리에게 먹이고 싶어하신 아버님의 사랑을 느끼고 싶었습니다. 말씀도 많이 없으시고 감정표현도 없으시지만, 같이 부대끼며 살아오면서 보여주신 그 소소한 작은 사랑은 언제나 감사하게 내 마음에 남겨져 있습니다. 이러한 아버님 제사이니 음식들을 하나하나씩 만들면서 그리운 아버님 생각에 정성을 다할 수밖에 없지요.

이제 북적거리던 아이들도 떠나고 지금은 남편과 단둘이 제사를 지냅니다. 아마도 이렇게 제사를 지내는 것도 나의 대에서 마지막이 될 듯싶어 마음이 편치 않습니다. 제사는 세대와 세대를 이어주는 징검다리와 같습니다. 부모님께서 조부모님 생전을 이야기를 해주시고 조부모님께서 다시 증조부모님의 이야기를 해주시는 소중한 시간입니다. 아이들이 명절이나 기일에 모여 돌아가신 분을 기억하며 자신의 뿌리를 한 번 더 확인하고, 자긍심을 가질 수 있는 고귀한 풍습이고 문화인데, 아쉬움이 남습니다. 어떻게 옛날과 다르게 변해가는 아이들에게 이 문화를 편하게 이어가게 할 수 있을까? 혹여 며느리나 사위가 외국인이라면? 참 많이 생각해야 할 그리고 풀어야 할 나에게 남겨진 숙제인 것 같습니다.

지방을 태우고 아버님 배웅을 나간 남편이 들어오지 않기에 나가봤더니 까만 밤하늘에 환하게 떠 있는 달을 우두커니 쳐다보고 있는 뒷모습이 보였습니다. 아마도 그동안 가슴에 담아놓았던 밀린 이야기들을 아버님과 나누나 봅니다. 그런데 그 모습이 내 마음에는 아픔으로 다가옵니다. 지금 며느리인 내 마음이 이럴진대 남편의 마음이야 오죽할까요.

"아버님, 저희 마음 아시죠?"

 **엄마의 마음**　　　　　　　　　　　　　　　2013.6.6.

　　며칠 전부터 별다른 이유도 없이 우울해진다며 카톡을 보내오는 딸아이의 투정에 겉으로는 무심한 척하면서도 자꾸 마음이 쓰였습니다.

　　막내가 방학이라 집에서 일주일 정도 머물다가 학교가 있는 웰링턴으로 데려다주러 간 날에 딸아이에게서 3일 휴가를 내어 집에 가고 싶다며 전화가 왔습니다. 전화를 받고 나와 남편은 걱정이 되었습니다. '무슨 일일까? 왜? 갑자기? 어휴~' 아무튼 이래저래 마음이 무겁기는 마찬가지입니다. 딸아이가 막내랑 같은 집에서 함께 사는지라 집으로 가보니 벌써 짐을 다 싸서 방문 앞에 놓여있는 것이 눈에 들어옵니다. 참 마음을 어지럽게 만드는 심란한 모습입니다. 대충 막내의 먹을거리와 짐들을 정리해주고는 이내 딸아이가 일하는 곳으로 향합니다. 가는 내내 머릿속은 물음표만 가득합니다. 일하는 건물 저쪽에서 털레털레 걸어서 나오는 딸의 모습을 가만히 서서 바라보다가 가까이 다가오자 꼭 안아주고는 기색부터 찬찬히 살펴봅니다. 항상 밝게 잘 웃으며 재잘재잘하던 아이의 얼굴에서 그늘을 발견하고는 심장이 조여듭니다. 마음으로야 바로 물어보고 싶지만, 꾹꾹 누르며 의도적으로 가벼운 주변 이야기를 하며 풀어보려고 하지만, 그다지 대답을 잘하지 않습니다. 참으로 답답합니다.

한참을 가다가 겨우 한다는 말이 '배가 고프다며 여기 오타키에 음식 괜찮게 하는 카페가 있으니, 거기서 점심을 먹으면 어떻겠냐'고 묻습니다. 그러면서 안내하는 카페는 남편이랑 한두 번 와본 적이 있는 카페였습니다. 점심시간이어서 그런지 카페에는 사람들이 많이 붐비고 있었습니다. 커다란 창가에 앉아 반짝거리며 내려앉는 햇살들을 바라보니 눈이 부십니다. 엄마와 아빠 취향을 잘 알아서 혼자서 음식을 시키는 딸아이의 맑은 얼굴을 물끄러미 바라보다 푸르른 하늘을 올려다보면서, 지금 이 시간이 행복해짐을 느낍니다. 맛있는 음식들 앞에서는 긴장이 풀려서인지 이제는 묻는 말에 곧잘 대답을 길게 합니다. 맛난 음식들이 엄마, 아빠의 얼굴을 보는 것보다 더 좋은 딸아이에게서 섭섭해지는 내 마음을 봅니다. 역시 자기가 하는 일에서 스트레스를 많이 받았나 봅니다. 꼭 지적결벽증일 정도로 워낙 꼼꼼하고 완벽함을 추구하는 성격이기에 오죽이나 힘들까? 생각하니 안쓰럽기만 합니다.

　　아주 오래전에 '제 신세 제가 볶는다고, 네가 그러지 않아도 세상일은 다 잘 돌아가니, 대충대충하고 살라'고 말씀하시던 빛바랜 기억 속의 우리 엄마의 말씀이 생각이 납니다. 지금의 나도 우리 딸아이에게 똑같은 말을 합니다. 그러면서 한마디를 더 붙입니다. '멀리 내다보며 천천히 네 안의 실력을 기르며, 기회를 준비하면서 하나하나씩 주어진 시간과 상황들을 즐기고, 행운은 준비된 자에게만 주어지는 기회'라고 일러주었습니다. 하지만 그런 말이 무슨 묘안이 되겠는지, 딸아이는 집에 도착하자마자 곧바로 책을 집어 듭니다. 끝내지 못한 일이 있어 마저 끝내야 한다면서, 가방에서 주섬주섬 꺼내 놓는 책들을 보니 속이 부글부글 끓어오르며 화가 나고 속이 상합니다. 이런 엄마 마음을 아는지 모르는지 내일은 도서관에 가서 책을 좀 빌려야겠으니, 도서관 카드를 빌려달라네요. '어휴~ 이걸 그냥' 한 대 쥐어박아 주고 싶지만, 터질 것 같은 마음을 꾹꾹 눌러 참습니다.

"휴가라면서 좀 쉬지~" 겨우 이 한마디로 엄마 마음을 내보입니다. 마치 아무렇지도 않은 듯이 말하였지만, 참으로 안쓰럽고 애처롭게만 보입니다. "엄마, 집에 오니 참 좋다~" 딸아이가 돌아서면서 툭 던지는 한마디에 엄마는 가슴이 찡하며 아려옵니다. 아무것도 해 주는 것 없이 그저 엄마, 아빠만 있는 이곳이 뭐가 그리 좋은 것인지….

나도 우리 엄마가 계시는 곳이면 그곳이 어디든 다 좋고 우리 엄마가 그냥 이 세상에 존재하는 것만으로도 커다란 기쁨이고 행복인 것을 우리 딸아이의 마음도 이런 것일까요?

 ## 딸의 월급

2021.6.1.

아침에 창문을 열면 으스스한 냉기가 온몸을 감쌉니다. 어느새 가을이 성큼성큼 다가와 곁에 섭니다. 처음에는 하나둘씩 떨어지던 잎들이 이제는 거의 손을 댈 수 없을 만큼 떨어져 내립니다. 마당을 가득 뒤덮어버린 낙엽들을 치우는 일이 아주 머리 무거운 번잡한 하루일과가 되어버렸습니다. 한때는 무성한 푸르디푸른 잎들로 시원한 그늘을 만들어주고 바람에 찰랑거리는 나뭇잎 부딪치는 소리가 처마 끝에 매달아 놓은 자연의 풍경 소리 같기도 하고 멀리서 들리는 아스라한 파도소리인 듯하여 '참 좋다'라는 말을 연신 되뇌이고는 했는데, 지금은 누렇게 바싹 마른 잎으로 변해, 왔던 자리로 미련 없이 뚝뚝 떨어지는 나뭇잎을 바라보며 유한한 우리의 삶과 맞닿은 죽음을 다시 한번 생각하게 되는 숙연한 순간들입니다.

며칠 전 금요일 저녁, 정신없이 종종거리다 마지막 테이블의 주문된 음식을 내보내고서는 잠시 물 한 잔으로 목을 축이려는데, 촘촘히 짜인 시간표대로 바쁘게 사는 딸에게서 전화가 왔습니다. '무슨 일이지? 전화 올 때가 아닌데?' 우선 가슴이 콩콩거립니다. 짧은 순간 많은 생각이 머리를 스치고 지나갑니다. "엄마, 오늘 첫 월급 받았어요. 엄마, 아빠 생각이 나서 아빠 통장으로 돈을 조금 보냈어요. 많지 않으니깐 너무 기대는 하지 마세요. 그리고 두 분이 멋진 데이트 하세요" 하면서 깔깔거리며 웃음을 보냅니다.

순간 놀랍기도 하고 당황스럽기도 해서 "첫 월급은 무슨? 네가 일한 지가 10년은 된 것 같은데?" "그 전의 첫 월급은 할머니께 드렸었고 엄마, 아빠에게는 안 드렸잖아요. 이번 직장에서 받은 첫 월급은 엄마 아빠께 드리고 싶어서요"라며 말을 머뭇거렸습니다. 아마 우리 부부에게 첫 월급을 주지 못한 것이 내내 마음속 부담감으로 남아있었나 봅니다.

우리 아이들은 첫 월급을 모두 할머니께 드렸었습니다. 세 아이에게 쏟으신 할머니의 정성은 감히 엄마인 저도 따라가지 못할 정도였으니, 그건 당연한 것이라고 생각하며 잊고 있었는데 말이죠.

몇 해 전, 딸아이는 잘 다니던 직장을 그만두고 공부를 다시 하고 싶다고 했을 때 우리 부부는 반대는 하지 않았지만, 걱정은 많이 했습니다. 안정된 삶에서 앞이 보이지 않는 또 다른 도전은 세상을 살아 본 우리 부부에게는 불안과 두려움 그리고 힘듬을 의미하는 것이기를 알기에 걱정한 것입니다. 그동안 모아두었던 적지 않은 돈을 다 투자해 몇 년을 염두에 두고 런던으로 떠났습니다. 다니던 직장에서 학비와 생활비를 다 준다는 Offer도 거절하고. 직장에서 제공하는 그 돈을 받게 되면 학업을 마치고 돌아와 5년을 의무적으로 다녀야 한다는 것이 발목을 잡는 것 같아서 싫다고 한 것입니다.

코로나바이러스의 파급으로 인해 취업하는데 시간이 걸릴까 우리 부부는 약간 마음을 졸였었는데, 다행히도 졸업 전에 딸아이는 제가 원하던 B.C.G.(Boston Consulting Group)에 입사해 지금은 호주 캔버라에서 연수 중입니다. 2주간의 연수가 끝나면 아들이 사는 멜버른에서 녹녹하지 않을 새로운 직장생활이 펼쳐질 예정입니다. 그동안 덮어두었던 수학공부를 하느라 혼자서 끙끙거리며 애쓰던 일들, 제가 선택한 길이기에 힘들고 어려워도 내색하지 않고 견뎌내는 딸아이를 보면서 도와주지 못해 엄마로서 안쓰럽고 미안했습니다. "결정하기 어려운 선택의 기로에 섰을 때, 네가 생각하기에 쉬운 길보다는 어려운 길을 선택해라. 엄마가 살아보니 대체로 어려운 길이 바른 선택이더라." 내가 괜히 딸한테 이 말을 해줬나? 하는 후회가 가끔 밀려오기도 했습니다.

부모인 우리가 늘 아이들을 걱정하고 또 걱정하는 줄 알았더니 어느새 이만큼 훌쩍 커서 엄마, 아빠를 더 많이 걱정하고 생각하는 속 깊은 어른으로 자랐을까? 올곧고 바르게 잘 자라 준 아이들이 고맙고 이렇게 좋은 인연으로 만난 것 또한 감사할 따름입니다.

그간 살아오면서 그저 앞만 바라보고 우리 앞에 놓인 일들에 불평하지 않고 내 삶의 숙제려니 하면서 묵묵히 해 나가며 한 발자국 한 발자국 흐트러짐 없이 열심히 성실히 살아온 나의 삶이 반짝이며 빛나고 눈부시게 환한 꽃으로 피어납니다.

 ## 막내의 입대

2014.5.28.

　　길가에 늘어선 나무들이 어느새 그 빛나는 생명력을 내뿜던 초록빛에서 노란빛, 빨간빛의 예쁜 옷들로 갈아입었습니다. 심술궂은 차가운 바람이 한 번씩 불 때마다 그 곱디고운 옷들은 속절없이 떨어져 길바닥에 뒹굴고 나무들은 점점 가벼워져만 갑니다. 바람은 살아있는 모든 것들의 마음을 쓸고 지나갑니다. 이제 한두 차례 비님이 온 세상을 어루만지고 난 뒤면 기다림에 지친 겨울은 슬며시 우리 곁으로 다가오겠지요. 봄이 가면 여름이 오고, 여름이 가면 가을이 또 겨울이 오듯 시간은 어김없이 정해진 대로 흘러갑니다.

　　오늘은 다른 어느 때보다도 더 춥게만 느껴집니다. 공항에 막내를 데려주고 왔기 때문입니다. 공항에서 막내를 꼭 안아주고 떠나는 뒷모습이 못내 아쉬워서 한참이나 창가에 서서 막내가 트랩을 오르는 것을 보고서야 떨어지지 않는 발걸음으로 집에 들어서니 막내가 신고 다니던 운동화가 언제나 우리를 맞던 막내처럼 우리를 기다리고 있었습니다. 갑자기 울컥하는 마음에, 삼켜지지 않는 무언가가 목구멍을 막고 있는 것 같이 공항에서도 내비치지 않고 참았던 눈물이 빙그르르 돕니다. 막내는 떠나는 날 아침. "엄마, 이 신발은 옆이 찢어져서 더는 신을 수 없으니, 대신 버려주세요"라며 웃음을 머금은 모습이 떠올라 차마 버리지 못할 것 같습니다. 행여 옆에 있는 남편이 볼까 봐 후다닥 집안으로 들어서며 부산스레 막내가 벗어놓은 양말, 옷가지 등을 세탁기에 집어넣고서도 뭔가 허전한 듯해 빨지 않아도 되는 막내 방의 침대보, 이불커버 등을 같이 밀어 넣습니다. 그리고 항상 막내 등에 매달려 막내가 가는 곳은 어디든지 함께 하던 아이의 땀이 흠뻑 묻은 후줄근한 베낭을 미지근한 물에 담가 솔로 빡빡 문질러 뚝뚝 떨어지는 눈물과 함께 빱니다.

 몇 년 전, 막내를 웰링턴으로 보낼 때보다도 더 허전하고 안쓰러운 마음과 걱정이 빈 가슴속을 가득 채웁니다. 아주 아주 오래전에 내가 이곳으로 이민 오던 날, 역에서 배웅하며 눈물을 글썽이던 우리 엄마가 생각이 납니다. 한참이나 우두커니 서서 우리가 탄 기차가 보이지 않을 때까지 손 흔들며 망연히 바라보던 그때의 우리 엄마의 마음이 지금의 나보다 더했으리라 생각해 봅니다. 새삼스레 그때의 우리 엄마 마음이 내 가슴속을 헤집으며 너무 마음이 아파 숨이 막힙니다. 사랑은 언제나 '내리사랑'이라더니, 그 말이 맞습니다. 그동안 막내와 함께했던 모든 일들이 가슴속에서 피어납니다. 뛰는 것을 싫어해서 달리기에는 워낙 젬병이던 막내를 위해 새벽마다 혼자 뛰면 쉬 지치고 싫증이 날까, 운동장 트랙 400m를 함께 10바퀴씩 숨차게 뛰는 우리 모자를 향해 무릎이 안 좋은 남편은 스톱워치를 들고서 페이스 조절을 하라고 고함치던 일, 체중 감량을 위해 식단을 짜 행여 막내의 결심이 흔들릴까 온 식구가 본의 아니게 다이어트를 했던 일, 매일 막내와 수영 연습을 함께한 남편의 모습 등. 근 5~6개월간을 우리는 다른 일에는 일체 신경을 끊고서 그저 막내를 위해 온 정성을 쏟았습니다.

막내는 그 땀방울의 결과로 자신이 원했던 해군에 입대를 하게 되었습니다. 매일 훈련 일정표를 보면서 남편은 오늘은 막내가 어떤 일을 했을 거라고 내게 하나하나 일러줍니다. 아마도 막내의 훈련기간 내내 우리는 매일 밤 앉아서 막내의 일정대로 우리의 마음도 같이 할 것입니다. 항상 어설프고 어눌해 보여서 한시도 마음이 안 놓입니다. 날씨가 추워지면 추운데 고생은 안 하는지, 비가 오면 빗속에서 감기는 걸리지 않는지, 음식은 먹을만한지, 양은 부족하지는 않는지…. 그저 자잘한 걱정들로 엄마의 마음은 심란합니다. 앞으로 해내야 하고 가야 할 길은 멀지만, 막내가 원하는 대로 하얀 제복의 멋진 함장이 되어 가슴 출렁이는 푸른 꿈을 안고서 넓고 푸른 바다를 거침없이 헤치고 나아가기를 빌어봅니다.

우리 막내가 바다처럼 넉넉하고 지혜로운 바다 사나이로 세상을 살기를 기도하며 엄마는 조용히 속삭여봅니다.

"막내야, 사랑해."

 **결혼 선물 액자**　　　　　　　　　　　　　　　　2017.2.4.

　　바람이 몹시도 불어댑니다. 한 자리에 가만히 앉아 무언가를 깊이 생각하기에는 적당치 않은 날입니다. 한 곳에 머물지 말라는 자연의 울림인 줄은 알지만 산란스러운 날입니다. 있는 듯 없는 듯 묵묵히 서 있는 나뭇가지들도 끈질긴 바람에는 손 놓은 채로 이리저리 끌려다니는 모습이 애처로워 보입니다. 어느새 작은 바람 한 점이 가슴에 들어와 이 작은 몸 구석구석을 헤집으며 마음을 들쑤셔놓더니, 이내 휑하니 흔적도 없이 쓸쓸함만을 남겨 놓은 채 쏜살같이 달아납니다.

　　오늘은 우리 큰아들의 잠옷을 빨았습니다. 다섯 살 때 입었던 할머니께서 사 주셨던 파란 무늬의 반팔 여름 잠옷을 두 손으로 조물조물 빨아 요즈음 같은 어줍잖은 햇살에 이리저리 뒤척이며 반나절을 앉아 말렸습니다. 바람에 흔들리는 얇고 조그마한 잠옷에 아이의 빛나던 순간들이 아름다웠던 순간들이 함께 흔들거립니다. 아쉬움과 안타까움에 목이 메입니다. 잡을 수 없는, 돌아갈 수 없는 아이의 그 밝고 환한 깔깔거리는 경쾌한 웃음소리가 들려옵니다. 행여나 오래된 잠옷이 찢어지지 않을까 조심조심하며 빳빳하게 다림질도 합니다.

시집오면서 어머님께 받은 경주 최씨 문중의 바통을 가슴에 품고 내게 주어진 구간 속에서 비가 오거나 눈이 오거나 때로는 폭풍우 속에서도 또 눈도 뜰 수 없을 만큼의 혹한 속에서도 주저앉아 포기하지 않고 끝까지 내게 주어진 몫을 열심히 성실히 선하게 잘 뛰었다는 뿌듯함과 그리고 그다음 세대, 우리 큰아들에게 무사히 바통을 잘 넘겼다는 안도감이 밀려옵니다.

우리 큰아들도 엄마, 아빠만큼 아니, 그보다도 더 훌륭히 제 몫을 잘 하기를 바라면서 '결혼 선물 액자' 속에 엄마의 기도를 함께 담아봅니다.

네가 다섯 살이었을 때

네가 다섯 살이었을 때,
작은 사탕 작은 선물 하나에도
함박 같은 웃음을 지으며
폴짝폴짝 뛰었었지…

네가 다섯 살이었을 때,
동네 앞 시장만 가도
새처럼 종알종알
온통 신기한 것 투성이었지…

네가 다섯 살이었을 때,
파란 무늬 박힌 잠옷 입고
집으로 돌아오는 할머니 기다리며
버스 정류장을 늘 서성였지…

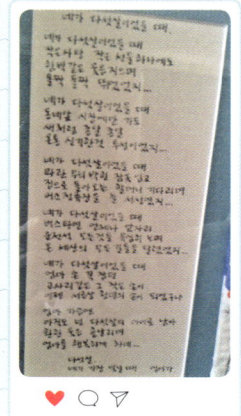

네가 다섯 살이었을 때,
버스 타면 언제나 앞자리
운전석 모든 것을 유심히 보며
온 세상 모든 길들을 달렸었지…

네가 다섯 살이었을 때,
엄마 손 꼭 잡던
고사리 같은 그 작은 손이
이젠 서른 살 청년의 손이 되었구나…

엄마의 가슴엔
아직도 넌 다섯 살의 아이로 남아
환한 웃음 흩날리며
엄마를 행복하게 하네…

      다섯 살
      네가 가장 빛날 때,
      엄마가

 **큰아들의 결혼**　　　　　　　　　　　　　2017.3.13.

　　한동안 시간이 어떻게 흘러가는지도 모르게 벌써 3월의 한가운데 서 있습니다. 이번 여름은 많이도 더디게 느릿느릿 다가오는 듯 하더니만 이제는 제법 땀이 꽤 흘릴 것 같이 햇살이 따갑습니다.

　　얼마 전에 우리 집에 새로운 식구가 생겼습니다. 새 식구가 생기면서 '시어머니'라는 또 다른 이름이 주어졌습니다. 정말 잘 해 낼 수 있을까? 하는 두려움과 설렘에 무척 긴장됩니다.

　　결혼이란, '인륜지대사'라 그래도 나름 마음의 준비를 꼼꼼히 한다고 했었는데, 막상 큰아들의 결혼식에 마주 서고 보니 인간이 가질 수 있는 많고 많은 감정이 뒤엉켜 생겨납니다. 어릴 적부터, 하나의 독립된 개체로 생각하며 별다른 간섭이나 잔소리 없이 키운 탓인지 마음이 텅 빈 듯한 섭섭함이나 서운한 마음은 들지 않습니다. 이제 자신의 삶을 스스로 자신만의 원칙으로 살아내야 할 큰아들에게 꼭 해주고 싶은 이야기는 생각날 때마다 틈틈이 적어 놓은 것들을 모아 편지지에 기도하듯 한 자, 한 자 온 정성을 다해 곱게 써서 주었습니다. 아마도 나중에 언젠가는 엄마가 제 옆에 없을 때, 이 편지가 엄마라는 존재처럼 살면서 부딪치는 모든 일에 늘 최선의 방법을 찾을 수 있게 도와주리라 믿어 봅니다.

지금껏 이렇게 훌륭하게 잘 자라준 것이 그저 고맙고 한편으로는 우리 큰아들이 자라면서 고비고비마다 여느 엄마들처럼 살갑게 찬찬히 잘 챙겨주지 못했던 미안함과 아쉬움이 온 마음에 눈물처럼 차오릅니다. 이제 허덕거리며 살아온 내 삶에서 주어진 숙제를 겨우 삼분의 일은 해냈다는 안도감으로 가쁜 숨을 몰아쉬며 한시름 놓습니다.

"축하한다 아들아!
　네 얼굴에 환한 웃음이 사라지지 않는
　늘 행복한 삶을 살기를
　엄마는 간절히 정말 간절히 빈단다."

집으로 돌아오는 길에 큰 아들이 보낸 메시지에 그만 행복한 눈물을 흘리고 말았습니다.

"Thank you very much for everything my Great Mum."

 반바지 선물   2014.1.4.

    한 며칠간 꽤 덥더니만 오늘은 바람에 마른 흙내음이 흠씬 묻어납니다. 비님이라도 오시려나 싶더니 아니나 다를까 해 질 무렵부터 더위에 지쳐 누렇게 타서 쓰러져있는 잔디들 위로 촉촉하게 비님이 내려오십니다.

    선물을 받는다는 것과 준다는 것은 사람 사는 일에 지친 우리 마음에 한줄기 비와 같이 생기를 주는 일인 것 같습니다. 누군가에게서 선물을 받는다는 것은 정말로 즐겁고 행복한 일입니다. 선물을 고르는 동안 내내 그 선물을 받고 기뻐할 사람의 환한 미소를 떠올리며, 그 사람과의 아름답고 고마운 기억들로 가득할 것입니다. 한편으로는 그 선물을 받는 사람은 받는 사람대로 선물을 건네는 이에게서 전해지는 진심 어린 감사와 따뜻한 사랑의 마음을 받는다는 그 충만함과 앞으로 더욱더 그 사람에게 성실함과 정성으로 대해야겠다는 마음을 다지게 되는 계기가 되기도 합니다. 어쨌거나 선물이라는 것은 말만 들어도 그것이 크든 작든 간에 가슴을 설레게 하고 들뜨게 하는 신비한 힘을 가진 듯 모두를 순수하고 행복하게 만듭니다.

    며칠 전, 세 아이에게서 선물을 받았습니다. 일 끝내고 아무 생각 없이 집으로 들어서는데, 딸아이가 선물꾸러미를 내밉니다. 크리스마스 선물이라면서요. 남편에게는 올리브색 폴로티셔츠, 나에게는 아주 짧은 반바지를 선물했습니다. 보기에도 너무 짧은 듯해 입기 민망해하며 머뭇거리는 나에게 남편이 "50이 넘은 할머니가 무슨 그런 옷을 입냐"며 핀잔 묻은 한마디를 던집니다. 약간의 서운함이 쓸쓸히 밀려옵니다. 하지만 그 말이 떨어지기가 무섭게 딸아이는 '우리 엄마가 무슨 할머니냐며 엄마는 40대로 보이는데 하면서 엄마한테 너무 잘 어울릴 것 같아 샀으니 꼭 입으라'며 야단입니다. 속으론 '그럴까?' 하는 미련을 가지면서도 망설임을 떨쳐버리지는 못합니다. 갑자기 딸아이의 하는 양을 보니 우리 엄마 생각이 났습니다.

나도 그 옛날 누군가가 우리 엄마에게 '할머니'하고 부르던지, '연세가 좀 있으시네요'라고 말하면 막 화를 내면서 많이 속상해했던 기억이 있습니다. 학교에서 어머니회나 육성회 모임이 있는 날이라도 되면 학교 가기 전에 엄마가 입고 갈 옷을 그때 내 어린 눈에 우리 엄마가 제일 예뻐 보였던 옷을 고르고 골라 꼭 이 옷을 입고 학교에 오라며 떼를 쓰곤 했었습니다. 그럴 때면 엄마는 그 옷은 나이에 어울리지도 않고 너무 조여서 움직이기 불편하다며 안 입으신다고 하셨지만, 학교에 오실 때면 어린 내가 고른 옷을 꼭 입고 오시곤 하셨습니다. 우리 엄마가 다른 엄마들보다 좀 더 젊고 예쁘게 보이고 싶은 그때의 내 마음과 지금 우리 딸의 마음이 같을 겁니다. 나 또한 그때 우리 엄마의 마음과 지금 나의 마음도 같을 겁니다. 엄마의 옷을 골라주는 딸의 살가운 정을 듬뿍 담은 예쁜 마음이 너무도 고맙게만 느껴져 참 행복해집니다.

한 해 두 해 지날 때마다 점점 어른스러워지는 딸은 엄마의 아주 가까운 친구가 됩니다. 나는 이렇게 고운 마음의 딸과 항상 함께하는데, 언제나 우리들의 버팀목이 되어주시는 우리 엄마는 멀리 떨어져 외로우실 것입니다. 나도 엄마와 팔짱을 끼고 쇼핑도 하면서 이것저것 예쁜 옷을 골라드리거나 맛있는 음식을 먹으며 수다를 떨고 싶은데, 이제 엄마와 함께 할 시간이 점점 짧아만 지는 것 같아 가슴이 시려옵니다.

점점 세월의 무게에 눌려 엄마의 나이에 가까이 다가가면 갈수록 그 옛날에는 알 수도 없고 느낄 수도 없었던 엄마의 마음이 꼭 엄마 나이가 들어서야 알 수 있고 뒤늦은 후회만 듭니다. 언제나 엄마의 모든 것은 그저 제 살기 바쁜 자식들에만 향해있고, 그런 엄마의 아픈 마음과 안타까움을 이제서야 가슴 절절히 느낄 수 있습니다. 엄마라는 이름으로 눈감는 날까지도 내려놓지 못하는 작고 여윈 어깨에 짊어진 그 넓고 깊은 사랑에 목이 멥니다.

 **그리운 아버지**　　　　　　　　　　　2012.11.10.

　　낯선 땅, 이곳 뉴질랜드로 이민을 온 지 20년이 가까워집니다. 처음 남편에게서 뉴질랜드라는 말을 들었을 때는 그곳이 어디에 있는지, 사람들은 어떤지, 또 환경은. 아는 것이 아무것도 없어 지도를 찾아보고 백과사전도 찾고 하던 때가 엊그제 같은데 세월은 그렇게 흘러가 버렸네요. 사육 되어지는 아이들로 키우기 싫어 오로지 내 아이들에게는 넓은 세상과 자기의 생각을 가슴으로 느낄 수 있고 자신의 색깔을 마음껏 드러낼 기회를 주기 위해 모든 걸 뒤로하고 온 이민 생활입니다. 참 두렵고 불안하고 때로는 눈물로 얼룩진 세월이었습니다. 그중에서도 가장 가슴 아프고 아직도 그때만 생각하면 목구멍에서 뜨거운 것이 올라오는 듯한 먹먹한 일이 있었습니다.

　　어느 늦은 밤, 걸려온 전화 너머로 엄마의 가라앉은 목소리가 들립니다. 친정아버지께서 간암 말기라는 청천벽력같은 말씀이었습니다. 3개월 정도 길면 6개월 정도 밖에 사실 수 없다는 말씀입니다. 평소에도 당뇨가 있어서 항상 칼로리가 계산된 식단과 규칙적인 운동, 단식, 요가 등으로 당신의 몸 관리에는 철저하기로 유명한 아버지이신데….

　　아버지께서 늘 이뻐하시고 항상 보고 싶어 하시던 딸아이와 함께 2주간의 일정으로 한국으로 가는 비행기에 몸을 실었습니다.

아버지께서 늘 하시던 말씀으로 "선아는 자네 어릴 적하고 똑같아!" 그 말씀이 지금도 딸아이를 볼 때마다 떠오릅니다. 그리고 종종 나의 어릴 때의 개구졌던 일들을 많이 얘기하시면서 웃으셨지요.

아버지를 뵙는 순간, 가슴 속에서 뭔가 뜨거운 것이 차올라 말문을 열 수가 없었습니다. 항상 내가 보아왔던 꼿꼿하시고 단아하시던 아버지의 모습이 아니라 너무도 병색이 짙은 연약한 모습이었습니다. 옆에서 며칠 간호하고 곁에 머문다고 그동안 못다 한 효도를 다 할 수 없다는 것을 알면서도 그것밖에 할 수 없는 내가 너무 무기력하게 느껴졌습니다. 아버지께서는 죽음의 그림자가 옆에서 어른거리는 순간에도 내가 어떻게 살고 있는지, 고생은 안 하는지 오로지 관심은 자식 걱정뿐이셨습니다.

그렇게 약속된 시간은 흘러 떠나야 할 시간이 되었습니다. 아버지께서는 절을 하려는 나를 못하게 하시고는 운동할 때를 빼고는 트레이닝복을 입으시고 절대 대문 밖을 안 나서시던 분이 동네 골목 어귀까지 나오셔서 나와 딸아이를 배웅하셨습니다. 야위고 병색 짙으신 모습으로 환하게 웃으시며 "내년에 꼭 한번 네 엄마하고 다니러 가마~" 하시면서 손을 흔드셨습니다. 나는 압니다. 이것이 아버지와 나의 이승에서의 마지막 만남이라는 것을…. 아마 다시는 살아 계신 우리 아버지의 모습을 뵐 수 없고 이 세상에서 내가 아버지라고 부를 수 있는 대상이 사라진다는 것을…. 아마 당신도 아시고 계셨겠지요. 난 차마 그 말씀에 대답도 하지 못하고 그만 엉엉 울어버렸답니다. 내 마음을 담아 한번 안아드리지도 못하고서, 나와 딸아이가 탄 차가 보이지 않을 때까지 아버지께서는 내가 어릴 적 퇴근하시던 아버지를 기다리던 그 골목 어귀에 그대로 서 계셨습니다. 그 모습이 나의 기억 저편에 남아서 아직도 저를 울립니다.

나는 내 자식들을 위해서 부모님을 우선순위에 두지 않았습니다. 마음은 항상 생각하면서 언제나 나중에 나중에 하면서 현실에 급급해서 잊고 있었지요. 사랑은 내리사랑이라고 사랑은 아래로만 흐르는가 봅니다. 부모님께 받은 사랑이 내 아이들에게로 흐르고 또다시 그 사랑이 아래로 흐르고 이런 것인가 봅니다. 지금 이렇게 내 삶의 반이 흐르고 있는 지금, 그때 아버지의 마음을 어렴풋이나마 우리 사남매를 키우시면서 어깨에 짊어지셨던 삶의 무게들을 조금은 헤아릴 수 있을 것 같습니다. 하늘에 사랑을 재는 저울이 있어서 저울이 언제나 부모 쪽으로 기운다지요. 자식은 항상 받기만 하고, 부모는 언제나 주기만 하니까요.

나는 지금도 '아버지'라고 하면 그때 그 순간이 떠올라 목이 멥니다. 마음에 담긴 사랑을 표현하는데 내일이라고 미룬 내가 무척 미련스럽고 바보같게만 느껴집니다. 문득 나에게서 아버지의 성품이 드러날 때 보고 싶고 또 보고 싶습니다.

그리운 우리 아버지….

"아버지!"라고 조그맣게 불러봅니다.

아이들이 떠난 자리

아이들이
떠나간 집은 적막하다.

아이들이
남겨 놓은 흐트러진 흔적들을
하나둘씩 치우는
엄마의 마음은 쓸쓸하다.

첫째는 시드니로
둘째는 멜버른으로
막내는 오클랜드로

아이들의
온기가 사라진 집은 적막하다.

아이들이
쏟아 내놓은 웃음소리들이
하나둘씩 멀어져 가는
엄마의 마음은 허전하다.

아이들이
떠나간 집은 적막하다.

우리 집 장난꾸러기

언제나 눈웃음 살살 치는
우리 집 장난꾸러기.

벽 모서리에 살짝 숨어
엄마하고 갑자기 튀어나와
날 놀라게 하곤
깔깔거리며 환히 웃던
우리 집 장난꾸러기.

이것저것 해 달라는 것도 많고
엄마 주변을 늘 맴돌던
아직도 덜 자란
우리 집 장난꾸러기.

바다 건너 멀리 떠나보내고
집으로 돌아오니
꾹꾹 눌러 놓은 눈물이 터지려나
왜 이리도 가슴이 먹먹한지.

하나둘 남겨 놓은 아이의 흔적들이
날 거실에서 부엌에서
온 곳을 서성이게 만드네.

어딘가에서 불쑥
'엄마'하고 튀어나올 것만 같은
우리 집 장난꾸러기.

막내가 좋아하던 음식 앞에서
엄마는 목이 멘다.

한 아이

한 아이가
빛을 따라 왔다
긴 기다림 끝에.

한 아이가
빛을 따라 왔다
긴 설렘을 안고.

한 아이가
세상에 온다는 것
하나의 우주가 온다는 것임을

한 아이의
과거 현재 그리고 미래가
우리에게 온다는 것

이 얼마나
대단한 일인가?

이 얼마나
놀라운 기적인가?

한 아이가
사랑을 따라 왔다.
눈부신 모습으로.

할머니와 손자

두 살 된 손자는
매일매일 매 순간순간
새로운 이름들을 배워갑니다.
할아버지, 할머니, 고모, 삼촌.

육십 된 할머니는
매일매일 매 순간순간
사랑한 이름들을 잃어갑니다.
할아버지, 할머니, 고모, 삼촌.

두 살 된 손자는
매일매일 매 순간순간
삶의 공간들을 채워갑니다.
솟아오르는 희망으로
일렁이는 생명의 환희로.

육십 된 할머니는
매일매일 매 순간순간
삶의 공간들을 비워냅니다.
잔잔한 기쁨으로
반짝이는 평화로.

두 살 된 손자에게서
육십 된 할머니를 보고,
육십 된 할머니에게서
두 살 된 손자를 봅니다.

이렇게 인으로 연이 만나
인연을 만들고
돌고 도는 윤회의 바퀴 속에서
또 어디서 무엇이 되어 다시 만날 수 있을까?

여보세요, 여보세요?

어느 비 오는 날
빨간 전화부스에
홀로 서서
의미 없는 번호를 눌러보네.

여보세요, 여보세요?
아버지 건강하시죠?
전 이렇게 많이 보고 싶은데
너무 그리워 목이 메는 날이 많은데

여보세요, 여보세요?
때로 삶이 두려워 도망치고 싶을 때
늘 희망으로 손잡아 주시던
아버지 어디 계세요?

여보세요, 여보세요?
오해받아 억울하고 속상할 때
시간을 기다리라며 토닥여주시던
아버지 저 보고 계세요?

여보세요, 여보세요?.
얼마만큼 더 살아야
세상일에 초연할 수 있는지
아버지, 그때를 아세요?

어느 비 오는 날
빨간 전화부스에
홀로 서서
의미 없는 번호를 눌러보네.

언니

선한 눈매의 여린 가슴으로
이 아름다운 세상
이름 없는 한송이 꽃이 되고 싶었던 우리 언니.

언니~ 하고 부르면
뜨락에 선 내 등 뒤로
마른 낙엽 떨어지는 소리가 들린다.

언니~ 하고 부르면
뒤돌아보며 소리 없이 미소짓던 그 모습 보고 싶은데
파아란 하늘만 내 눈에 가득 차고.

언니~ 하고 부르면
조용조용 대답하던
그 목소리 듣고 싶은데
아득한 파도 소리만 내게 남고.

언니~ 하고 울음 묻은 목소리로 부르면
넘어진 내 손잡아 일으켜주던
따사로운 정 가득 흐르던
고운 두 손 어디로 가고
허공 속을 휘젓는 슬픈 내 두 손만 있고.

미련 없이 이렇게 일찍
훌훌 털고 떠날 줄 알았으면
더 많이
더 깊이
살가운 정 나누며 우리 살았을 텐데.

하얀 머리 곱게 물든 지금도
언니~ 하고 부르면
못다 흘린 눈물 남아
그리움으로 아쉬움으로 아픔으로.

내 살아 숨 쉬는 날까지
마른 가슴엔
지워지지 않을 푸른 멍이 든다.

엄마와 봄나들이

따뜻한 봄날
주름진 엄마 손 잡고
봄나들이를 갑니다.

"엄마, 조심조심"
"엄마, 발밑에 계단"
"엄마, 내 손 꼭 잡고 천천히"

따뜻한 봄날
야위어진 엄마 손 잡고
봄나들이를 갑니다.

"엄마, 바람이 너무 차지 않아요?"
"엄마, 햇살이 너무 따갑지 않아요?"

따뜻한 봄날
조그마해진 엄마 손 잡고
봄나들이를 갑니다.

"엄마, 이 꽃들 좀 보세요!"
"엄마, 여기 이 새들 좀 보세요!"

엄마, 엄마.
아무리 불러도 지치지 않을 이름.
꿈에서도 하나 되는 이름.

따뜻한 봄날
주름진 엄마 손 잡고
봄나들이를 갑니다.

＊ 엄마와의 마지막 봄나들이, 그후 5개월 뒤 엄마는 하늘의 별이 되셨습니다.

엄마가 떠나가셨다

엄마가
다른 세상으로 떠나가셨다.
94년의 시간을 뒤로 한 채
한 장의 영정 사진만을 남기고 떠나가셨다.

엄마가
다른 세상으로 떠나가셨다.
94년의 희로애락을
한 줌의 재로 남긴 채 떠나가셨다.

엄마가
다른 세상으로 떠나가셨다.
세상 온갖 풍파
온몸으로 막아낸 상처만
남긴 채 떠나가셨다.

엄마가
다른 세상으로 떠나가셨다.
불러도 불러도 그리움 가득한
엄마라는 이름만 남긴 채 떠나가셨다.

엄마가
다른 세상으로 떠나가셨다.
엄마의 생전 모습으로
소녀처럼 불꽃처럼 살다가 떠나가셨다.

엄마가
다른 세상으로 떠나가셨다.
영원히 우리 곁을 떠나가셨다.

엄마, 엄마!
안녕히 잘 가세요.

할미꽃

산속 홀로 핀
할미꽃을 보면
서러움에 눈물이 나네.

옛날 할머니가 들려주던
할미꽃의
슬픈 이야기 때문일까?

들에 홀로 핀
할미꽃을 보면
서러움에 눈물이 나네.

할머니 모습
아버지 모습
언니 모습

할미꽃 속에
내가 사랑한 사람들
모두 꽃잎이 되어
나를 바라보네.

길가에 홀로 핀
할미꽃
나를 보고 말하네

한순간에
머무를 수 있다면
영원을 살 수 있다고.

가슴에 피어난
할미꽃 한송이
내 속 뜰에 맑은 기쁨을 주네.

언제나 책을 보면

언제나 책을 보면
아버지가 생각난다.

늘 정좌해서 조용히
책을 읽으시던 우리 아버지

엄마보다
훨씬 더 가까웠던
속정 깊은 아버지

책 읽는
젊은 모습의 아버지가
환히 웃으시던
봄날 같은 그 시절이 그립다.

가끔씩 일러 주시던 말씀들이
이제는 온 가슴으로
이해되는 나이.

다시 돌아갈 수 없는 시간들.

언제나 책을 보면
아버지가 생각난다.

나의 이야기

♥

#미리 써 보는 나의 유서 #생일을 떠나보내며
#나에게 골프란? #삶은 모두가 기적이에요
#건망증 #오늘 하루 #청소 #갱년기의 선물
#잊지 않게 하소서 #너는 누구인가?
#무엇이 남을까? #홀로 #되었으면 좋겠네
#저를 버릴 수 있도록 도와주소서

 미리 써 보는 나의 유서　　　　2012.12.6.

　　한해가 거의 마무리에 접어들면서 내 삶의 절반에 서서 지금까지의 살아온 날들을 뒤돌아보며 정리하는 의미에서 유서를 써 보았습니다.

　　나는 나의 인생을 언제나 100살로 생각합니다. 20대에는 30대를 생각하며 계획을 했었고, 30대에는 40대를 생각하며 계획을 세웠습니다. 40대에는 50대를. 내가 40대에 50대의 나이를 생각하며 계획했던 것들을 들춰봅니다. 몇가지 이루지 못한 것들로 인해 아쉬움도 남지만 그래도 만족해하며 행복합니다. 이제 50대에 서서 60대를 꿈꾸며 또 계획을 세웁니다. 제일하고 싶은 일들과 그 나이에 반드시 해내야 할 일, 세가지씩을 적어봅니다. 이렇게 하나, 둘씩 하다 보면 세월은 흐르겠지요. 내 생이 언제가 끝인 줄은 아무도 모릅니다. 어린아이들이 밖에서 한창 신나게 뛰어놀다 해 질 무렵 엄마들이 부르는 소리에 하던 놀이를 그대로 두고 하나둘씩 사라져가는 것처럼 우리들도 우리에게 생명을 불어 넣어주신 그분께서 때가 되어 부르시면 그때가 언제든, 어디서든, 무엇을 하고 있든 간에 그대로 손을 놓고 가야 합니다. 놀이터의 아이들처럼 말이지요.

　　만약 70까지 산다고 가정을 하고 그때까지의 것만을 계획해 놓았다가 100살까지 산다면? 그 나머지의 30년 세월을 죽음을 기다리며 어영부영 산다는 것은 주어진 삶의 시간에 무책임인 것 같아 나는 100살까지를 계획하며 삽니다. 그 삶이 70살에 끝나도 괜찮고 80살에 끝나도 좋습니다. 그 나이에 세워놓았던 계획들을 하나둘하고 있는 중이었을 테니까요. 누구에게나 주어지는 삶이 있듯이 죽음을 생각하면서 유서를 써보니 지금까지의 내 삶을 재조명해 볼 수 있었고 삶의 본질과 무게들을 느낄 수 있었습니다. 그리고 나를 둘러싼 주위의 모든 관계를 정리할 수 있었습니다. 누가 제일 중요한 사람들인지, 내가 시간과 노력과 정성을 다해야 하는 사람들이 누구인지를 아무리 친한 친구이거나 이웃의 친한 아줌마들이라 할지라도 내 유서를 그 사람들 앞으로는 보내지 않습니다.

유서를 쓰면서 남편에게 쓸 때보다 내 아이들 한 명 한 명에게 남기는 글을 쓸 때가 제일 힘들고 많이 마음이 아팠습니다. 그저 아이들이 나를 필요할 때 함께하지 못한 많은 순간들의 아쉬움과 미안함 그리고 앞으로 함께하지 못할 많은 시간들이 날 울게 했습니다. 이렇게 하나둘씩 죽음 앞에 서서 내 살아온 날들을 정리하고 앞으로 살아갈 날들을 다시 계획하면서 삶의 군더더기들이 다 떨어져 나갔습니다. 이렇게 유서를 쓰다 보니 참 중요한 것들을 깨닫게 되었습니다. 삶과 죽음은 서로 동떨어진 세계가 아니라 다만 우리가 삶을 사랑하고 준비하는 것처럼 우리의 죽음도 사랑하고 준비를 해야 한다는 것입니다. 삶이 좋고 죽음이 나쁘다는 것은, 아무도 모르는 일입니다. 삶이 힘들고 괴로운 것이며 죽음이 훨씬 편안하고 행복할 수도 있습니다.

이렇게 죽음 위에서 삶을 바라보니 하루하루 주어지는 삶들이 얼마나 소중하고 고마운지를 가슴 깊이 느끼게 되면서 한순간 한순간들도 허투루 보낼 수가 없습니다. 내가 만나는 모든 사람들, 내 눈길 닿는 모든 것들, 내가 지금 하고 있는 모든 일들 이러한 것들을 온 마음을 다해 사랑하게 되었습니다. 앞으로 살아가야 할 삶 속에서 무엇이 중요한 것인지, 무엇을 위해 살아야 하는지 그리고 나에게 소중한 이들을 위해 더욱 많은 시간과 노력과 정성과 열정으로 아무런 조건없이 사랑할 수도 있게 되었습니다. 어쩌면 죽음이라는 것은 끝없이 자라나는 많은 욕심을 아무 미련없이 버릴 수 있는 하느님께서 우리에게 주신 삶의 브레이크 같은 것인지도 모르겠습니다.

나에게서 일어나는 모든 것들을 죽음 위에서 바라보니 그렇게 아등바등 중요하게 생각해 오던 것들이 손에 움켜쥔 모래알들처럼 다 빠져버리고 내 손에 남은 것은 지금 바로 이 자리에서 하루하루가 마지막이듯이 주어진 모든 것들을 사랑하고 감사하며 살아야 한다는 것입니다. 살아서 숨 쉬는 것만으로도 얼마나 감사한 일인지요.

올 한해도 이렇게 마무리했습니다. 살아 숨 쉬는 모든 것들에 감사합니다!

 **생일을 떠나보내며**　　　　　　　　　2013.3.18.

오늘은 이른 아침부터 눈을 감고 조용히 회심곡을 듣습니다.

제일에 석가여래 공덕받고
어머님전 살을 빌고 아버님전 뼈를 받고
일곱 칠성님전에 명을 받고
재석님전에 복을 빌어
석달만에 피를 모으고
여섯달만에 육신이 생겨
열달 십삭을 고이 채워
이 내육신이 탄생을 하니
그 부모가 우릴 길러낼 제
어떤 공덕 드렸을까?
진자리는 인자하신 어머님이 누우시고
마른자리는 아기를 뉘며…

가슴속 깊이 사무치게 스며드는 회심곡의 한가락입니다.

무심히 흐르는 세월 속에 내가 엄마라는 이름으로 내 자식을 낳아서 길러보니, 날 낳아 기르실적 부모님의 새까맣게 타들어가던 마음들이 내가 간간히 웃음으로 선물한 고운 시간들 보다 더 많았기에 미안함과 후회스러움이 한꺼번에 밀려와 내 마음을 아프게 아프게만 합니다. 한 해 두 해 쌓여가며 부모님의 나이에 조금씩 다가갈 때마다 부모의 자식 사랑은 가엾어서 삶을 마감하는, 눈을 감을 때에도 그 끝은 아닐 듯싶습니다. 나는 내 생일이 들어있는 달인 2월에는 날 품어 낳으시고 기르신 우리 부모님을 위해 최소한 한 달 동안만이라도 감사한 마음으로 기도합니다. 하기야 내 평생 살아있는 동안 한다고 해도 그 사랑과 은혜에 감사함을 다 할 수는 없지만, 그래도 내가 태어난 달의 한 달만이라도 온 정성을 다해 부모님께 감사하는 마음으로 기도하는 것으로 모자람을 채웁니다. 우리 부모님께서 내가 자식이라는 인연의 끈을 안고 다가갔을 때 물리치지 않고 받아주셔서 감사하고 키우실 적 다가온 온갖 고통과 어려움을 마다하지 않으신 그 수고로움에 감사하고 지금까지 한 분 엄마만이라도 내 곁에 이렇게 머물러주시니 또 감사합니다.

그래도 이 세상에 아직까지 내가 아플 때나 세상 사는 일에 지치고 힘들 때, 앞이 보이지 않을 정도의 절망 속 막막함 앞에 서 있을 때 "엄마~"하고 부르면 모든 걸 제치고 언제든지 내게 다가와 힘이 되고 희망이 되고 위로가 되고 또 엄마의 작은 몸짓 하나가 기도가 되는 우리 엄마가 있어서 나는 너무너무 행복하고 감사합니다. 그리고 또 하나, 내가 해야 할 일은 내가 태어난 달 2월 한 달만이라도 '내가 어디에서 와서 어디로 가는가?', '나는 무엇을 위해, 어디를 향하여 내 삶을 지고 한 걸음 한 걸음씩 내딛고 있는가?'라고 하며 밖으로 밖으로만 향하는 내 마음을 차분히 가라앉히고 내 안의 속 뜰로 내 시선을 모읍니다. 이런 생각을 하는 것이 인간의 본질이며 품위를 갖춘다는 것. 모든 피조물 중에서도 탁월한 인간존재의 양상이라는 것을 깨닫기도 합니다. 깊은 침묵 끝에 결점이 있는 그대로의 나를, 약한 그대로의 나를, 불완전한 나 자신을 사실 그대로 바라볼 용기도 생깁니다. 침묵이 낳은 이 모든 조각을 하나둘씩 모아 내 삶을 채웁니다.

이렇게 내 생일이 있는 달, 2월에는 나의 삶의 전체를 돌아보고 재조정하는 사색의 달이 되기도 합니다. 이렇게 내가 생명을 받아 이 세상에 나온 날이 서서히 지나가고 있습니다.

 나에게 골프란? 2022.5.13.

　　며칠 전 겪은 혼란스럽고 당황스러운 일입니다. 늘 Lady's day인 화요일은 특별한 이유가 발생하지 않는 한 골프를 칩니다. 탁 트인 곳에서 이런저런 생각도 하고 골프도 치고 샷하는 사이사이 같이 걸으면서 일주일 동안 있었던 얘기들을 서로 나눕니다. 무엇보다 더 멋진 것은 파란 하늘, 하얀 뭉게구름, 새소리 등의 커다란 풍경화 한 폭으로 내가 골프채를 들고 살며시 그림 속으로 들어가는 것 같습니다.

　　그날도 별다른 일 없는 일상적인 평범한 날이었습니다. 전반 9홀을 치고 나서 같이 치던 친구가 내게 다가오더니 말을 건넸습니다. "넌 골프를 너무 신중하게 친다. 연습스윙도 하고 또 그린 위에서도 이리저리 왔다갔다하고 심지어 1m도 안 되는 퍼팅에서도 브레이크를 본다. 토너먼트나 챔피언십 게임에서는 충분히 그럴 수 있고, 당연히 그래야겠지만 오늘 같은 일상적인 게임에서는 그럴 필요 없으니, 그냥 대충대충 가볍게 치면서 즐기라고…" 그 말을 듣는 순간 갑자기 뭔가에 머리를 한 대 얻어 맞은 듯 멍~해졌습니다. '내가 잘못 들었나? 이건 무슨 말이지?' 일단 호흡을 가다듬고 감정을 최대한 절제하면서 걸음을 멈추고서 똑바로 쳐다보면서 친구에게 물었습니다. "오늘 내 플레이가 너의 리듬을 깼니? 너에게 방해가 되었니? 내가 Slow Player니?" 내가 묻는 모든 것에 친구는 "No!"라고 하면서

"그냥 네가 너무 신중하게 쳐서 스트레스받지 말고 가볍게 치면서 즐기라고 말한 거라고, 어차피 화요일은 매주 돌아오는 거니까, 너처럼 그렇게 집중해서 심각하게 칠 필요는 없다고."

정말 충격적이었습니다(적어도 나에게는.). 어떻게 감히 내 앞에서 이런 말을 아무렇지도 않게 내뱉을 수가 있는가? 그후 후반 9홀은 온전히 집중할 수가 없었습니다. 친구가 했던 말들이 계속 내 머릿속을 맴돌며 떠나지를 않았기 때문입니다.

'사람마다 골프를 즐기는 방법이 다 다르지 않은가? 또 골프를 치는 이유와 목표도 사람수 만큼이나 다양하고…' 나에게 있어 골프는 삶에 대한 또 하나의 도전입니다. 어제의 샷컬리티보다 오늘의 샷컬리티가 나아야 하고, 오늘보다는 내일의 샷컬리티가 더 나아야 한다는 것을….

그건 결국 끝이 없는 나 자신과 외롭고 고독한 싸움인데, 그렇기에 최소한 일주일에 20시간 이상 연습을 하는 것입니다. 어떠한 날씨 속에서도 2주일에 한 번은 코치에게 레슨받고 그것을 토대로 풀스윙, 숏게임, 퍼팅을 연습하고 또 연습하고 해서 일주일간의 연습을 테스트하는 것이 곧 화요일의 라운딩입니다. 최대한 실수를 줄이면서 한 샷 한 샷에 내가 익힌 모든 지식과 능력을 쏟아부은 결과가 곧 그날의 점수인 것입니다.

만족스럽지 못한 샷이나 실수한 홀에 대해서는 라운딩이 끝난 후 그 홀로 돌아가 다시 공략해 봅니다. 그러면서 전혀 내가 계산에 넣지 못했던 변수들이나 간과했던 문제점들을 찾아내기도 합니다. 그리고 잠자기 전에 다시 한번 시간을 따로 내어 전체 게임을 1번부터 18번 홀까지 복기합니다. 무엇이 잘못되었고 무엇이 잘 되었는지를 면밀히 체크한 다음 노트에 기록해 둡니다. 행여 답을 찾지 못한 문제점에 대해선 다음날 레슨 코치에게 조언을 구합니다.

　　나에게 있어서 골프는 가슴을 뛰게 만드는 첫눈과 같은 사랑입니다. 늘 가슴 설레게 만드는 첫눈과 같은 사랑입니다.

삶은 모두가 기적이에요

눈을 떠 보세요
온 세상이 기적이에요

투명한 한 잔의 물
반짝이는 한 줄기 햇살
바람에 살랑이는 나뭇잎
배춧잎 속의 초록빛 애벌레

눈을 떠 보세요
온 세상이 기적이에요

이슬 머금은 꽃 한송이
아이의 해맑은 웃음소리
춤추는 빗방울
모두가 하나의 기적이에요

눈을 떠 보세요
온 세상이 기적이에요

별이 있으니 우주가 있고
작은 돌멩이도 구름도 바람도
강물이 흐르니 생명이 흐르고
죽음이 있으니 생명이 빛나고
기적 같은 진실이 있는 세상이에요

눈을 떠 보세요
삶은 모두가 눈부신 기적이에요.

건망증

깜빡깜빡
슈퍼에서 물건 사고
카드를 밀어 넣고서
비밀번호가 생각이 안 나.

깜빡깜빡
차 앞에 서서
가방 안을 온통 뒤져도
열쇠 둔 곳이 생각이 안 나.

남이 내게 준 상처는
생생히 기억하면서
남이 내게 준 굴욕감은
잘도 기억하면서
머리 굴리는 일들은
약삭빠르게 잘도 계산하면서

깜빡깜빡
남이 내게 건넨 따뜻한 손길
내게 전한 희망의 말들
내게 보낸 사랑의 몸짓들
내가 받은 이 많고 많은 은혜들
하나도 생각이 안 나.

나, 이 세상 사는 동안
남에게 진 많은 사랑의 빚들
잊지 않고 다 갚아야 하는데
자꾸만 깜빡깜빡하는 나!

왜 이럴까?
왜 이럴까?

오늘 하루

오늘 하루
생각하고
말하고
행동하는 것들
순간순간 나를 이루어가네.

오늘 하루
밝고 맑은 생각
따뜻하고 부드러운 말
향기롭고 바른 행동
순간순간 나를 만들어가네.

지나간 날들
오지 않은 날들
모두 모두 잊고
지금 이 순간만을 산다면
내 생애 얼마나 빛날 수 있을까?

내 삶의 끝자리
허허로이 떠나는 길에
가져갈 것은 아무것도 없고
두터운 업장 만이 그림자처럼
말없이 내 뒤를 따르네.

청소

창문을 활짝 열고서
청소합니다.
구석구석 소리 없이 쌓인 먼지들
쓱쓱 싹싹

내 마음도 활짝 열고서
청소합니다.
곰팡이처럼 핀 내 안의 욕심들
쓱쓱 싹싹

집 안 구석구석
빗질로 걸레질만으로도
반짝반짝 환해지는데

내 마음속에 낀 때는
빗질로도 걸레질로도
벗겨 낼 수가 없네.
쓱쓱 싹싹

편견과 아집으로 굳어진
내 마음의 묵은 때
겸손과 온유함으로 빗질을
쓱쓱 싹싹

인색함과 옹졸함으로 얼룩진
내 마음의 더러움
인내와 사랑으로 걸레질을
쓱쓱 싹싹

어느새
환해진 밝은 우리 집
어느새
유리알처럼 맑아진 내 마음

갱년기의 선물

갱년기가 속삭입니다.
그동안 너무 얼굴 두껍게
뻔뻔스럽게 살았다고.

때론 부끄러워할 줄 알며 살라고
얼굴이 붉어져 자꾸만 숨고 싶은
안면 홍조를 선물합니다.

갱년기가 속삭입니다.
그동안 너무 팍팍하게
약삭빠르게 살았다고.

때론 따뜻하고 넉넉하게
물기 어린 가슴으로 살라고
피부 건조함을 선물합니다.

갱년기가 속삭입니다.
그동안 너 자신을 잃은 채
이리저리 세상에 쓸려 다니며
정신없이 살았다고.

이제 한 인간으로
하나의 존재로 살라고
완경을 선물합니다.

이 많은 선물들
하나하나 곱씹으며
빛나는 제2의 인생을 꿈꿉니다.

잊지 않게 하소서

주님,
저 이 세상 떠날 때
마지막 깊은 숨 내뱉을 때
스친 모든 만남에
감사한단 말
잊지 않게 하소서.

주님,
저 이 세상 떠날 때
마지막 깊은 숨 내뱉을 때
깊은 상처 입힌 이들에게
용서를 비는 말
잊지 않게 하소서.

주님,
저 이 세상 떠날 때
마지막 깊은 숨 내뱉을 때
미루기만 한 사랑의 게으름에
미안하단 말
잊지 않게 하소서.

주님,
저 이 세상 떠날 때
마지막 깊은 숨 내뱉을 때
남겨 두고 떠나는 것들에
자유롭단 말
잊지 않게 하소서.

주님,
저 이 세상 떠날 때
마지막 깊은 숨 내뱉을 때
당신으로 제 생이 아름다워
정말 행복했었단 말
잊지 않게 하소서.

너는 누구인가?

아집으로 뭉쳐진
색(色)이 사라진 그 자리에
한송이 지혜의 꽃이 피어나고

이 몸으로 느끼는
즐거움과 괴로움들
사라진 그 자리에
한송이 지혜의 꽃이 피어나네.

마음으로 받아들인
생각과 망상들이
사라진 그 자리에
또 한송이 지혜의 꽃이 피어나고

내 몸뚱어리로 지은
모든 업의 덩어리
사라진 그 자리에
한송이 지혜의 꽃은 다시 피어나네.

그 모든 행위 속에
차곡차곡 쌓여 진
기억의 덩어리 분별의 덩어리
사라진 그 자리에
한송이 지혜의 꽃이 또 피어나고

이 모든 것 사라진 자리
한송이, 한송이 피어나던
지혜의 꽃도 모두 사라지고
텅 빈 허공만이 가득하네.

텅 빈 허공인걸
바로 알아차리는
너는 누구인가?
진정 너는 누구인가?

무아의 본래 면목인가?

무엇이 남을까?

짧아지는
겨울 오후의 햇빛처럼
갈수록 짧아지는
나의 삶들

하얀 옷 입으신
손님이 오실 때
마지막 내 삶에
무엇이 남을까?

이웃에게 건넨
부드러운 미소
따뜻한 말 한마디
소소한 사랑이 남을까?

하얀 옷 입으신
손님이 오실 때
마지막 내 삶에
무엇이 남을까?

내 몫의 순례길에
흘러내리던 땀방울
가시처럼 박힌 상처들
꾹꾹 눌러놓은 한숨과 눈물이 남을까?

하얀 옷 입으신
손님이 오실 때
마지막 내 삶에
무엇이 남을까?

정말 무엇이 남을까?

홀로

이 세상 올 때도 홀로
살 만큼 살다가
떠날 때도 홀로.

홀로 있음은
온 우주 전체의 나
더불어 있음은 부분의 나.

홀로 있음은
순진무구하고 자유로우며
부서지지 않음인 것.

홀로 있으므로
빛나는 진리와 함께 하고
보이지 않는 하느님과
대화하는 것.

홀로 있음에
나날이 커져가는 기쁨
삶의 본질과 맞닿은 환희.

홀로 있음은
하느님의 은총
하느님의 축복
삶의 기쁨.

이 세상 올 때도 홀로
살 만큼 살다가
떠날 때도 홀로인 것을.

되었으면 좋겠네

삶이라는
긴 여행길에
나의 작은 미소가
그대 가슴을 아름답게 채워주는
기쁨이 되었으면 좋겠네.

삶이라는
긴 여행길에
나의 작은 미소가
그대 눈물을 영원히 닦아줄 수 있는
행복이 되었으면 좋겠네.

삶이라는
긴 여행길에
나의 작은 미소가
그대를 강인하게 해 주는
희망이 되었으면 좋겠네.

삶이라는
긴 여행길에
나의 작은 미소가
그대 가슴속 별이 되어
영원히 꺼지지 않는
사랑이 되었으면 좋겠네.

그대의
삶으로 인해
내 삶이 아름답게
가득 채워지는
귀한 선물이 되었으면
참, 좋겠네.

저를 버릴 수 있도록 도와주소서

주님,
당신을 위하여
저를 버릴 수 있도록 도와주소서.

당신이 계셔야 할
첫째 자리에
제가 놓이지 않게
저를 버릴 수 있도록 도와주소서.

당신 온 생애 보여 주신대로
나 자신을 사랑하듯
이웃을 사랑할 수 있게
저를 버릴 수 있도록 도와주소서.

당신의 말씀을 듣고
말씀이 제 안에 열매 맺을 수 있도록
매 순간순간
저를 버릴 수 있도록 도와주소서.

주님,
당신을 위하여
저를 버릴 수 있도록 도와주소서.